90년생은 이해 못하는 70년생 부장님의 회심의 한마디

"라떼는 말이야"
Latte is Horse

어느 90년생의 직장생활 1년 보고서

90년생은 이해 못하는 70년생 부장님의
회심의 한마디

"라떼는 말이야"
Latte is Horse

조기준 지음

활자공방

90년생은 이해 못하는 70년생 부장님의 회심의 한마디

"라떼는 말이야"
Latte is Horse

초판 1쇄 발행 2020년 2월 10일

지은이 조기준
기 획 브라이언 박
이러닝 김민수
펴낸이 정필규
마케팅 정필규
디자인 롬디

펴낸곳 활자공방
출판등록 2019년 11월 29일 제409-2019-000051호
주 소 (10084) 경기도 김포시 김포한강3로 290-13 한양수자인리버펠리스 604-1002
문 의 010-3449-2136
팩 스 0504-365-2136
납품 이메일 haneunfeel@gmail.com
일반문의 이메일 word_factory@naver.com
블로그 https://blog.naver.com/word_factory

"라떼는 말이야"란 무엇인가?

직장생활을 시작하기도 전이다. 분명 학창 시절에도 이러한 말을 선생님께 많이 들었다. 부모님도 이 표현을 곧잘 쓰시곤 했던 것 같다. 동네 어르신도 옆에서 거들기 일쑤였다. TV에서도 나오지 않았다고 장담할 수 없다. 당시 세상은 '나 때는 말이야'를 당연하게 받아들였다. 젊은 세대가 듣고 싶어하든 듣기 싫어하든 말이다.

나보다 앞선 세대들은 이 말을 으레 거쳐가야 하는 통과의례쯤으로 받아들였던 것 같다. 아니다. 늘 숨쉬고 내뱉는 공기쯤으로 여겼을지도 모른다. 너무나 당연한 일상의 파편 같은 그러한 당연함으로 포장했을지도….

요즘 이 말이 유행하고 있다. 소위 꼰대들과 동일시되는, 아이러니하면서도 풍자를 가득 담은 표현 말이다. '라떼는 말이야.' 심지어 'Latte is horse'라는 영어식 표현마저 요즘 세대의 뇌리에 깊이 새겨져 있다. 물론 해석했을 때 무슨 말인지 알 수는 없다. 또한 이는 더없이 부정적인 의미를 가지고 있다. 재미와 놀이에 익숙한 90년대생들이 직장생활 중 잔소리하는 상사의 모습을 현재 상황에 정확하게 투영한 언어유희일 것이다.

그러고 보니 나도 모르게 90년대생을 '요즘 세대'라고 표현하는 것 같다. 동시대 문화를 창조하고, 향유하며, 즐기는 세대여서 무의식적으로 그렇게 말하는 것이 아닐까. 하지만 요즘같이 개인주의적인 성향과 의견이 강한 때에 반드시 90년대생만을 '요즘 세대'라고 정의할 수 있을까 하는 의문이 든다.

최근 아날로그의 부활로 인해 70년대생들의 목소리가 높아져가고 있다. 예능 프로그램 〈슈가맨〉의 인기, 유튜브가 알고리즘화하여 보여주는 다양한 70년대생들의 옛 문화 풍경, LP와 카세트테이프의 재등장 등은 주류 세대의 다변화를 스케치한다. 그러다 보니 '요즘 세대'는 단순히 젊은 세대만을 지칭한다고 단언할 수 없다. 한편으로는 우리 모두가 요즘 세대에 속해 있는 것이 아닐까 하고 상상해본다. 각자만의 방식으로 동시대 문화를 창조하고, 향유하며, 즐기고 있기 때문이다.

잠시 생각해본다. 70년대생은 왜 어느 순간부터 90년대생의 적이 되었을까. 충분히 서로를 이해하고 받아들일 수 있는데 말이다. 그래서 계속적으로 나는 책을 통해, 강의를 통해, 방송을 통해 잔소리하는 어른의 모습이 아니라 함께라는 이름으로 기억되는 70년대생의 이야기를 줄곧 해왔다. 90년대생 그들의 삶은 그들에게 맡기고 우리는 우리의 삶에 충분히 귀 기울이고 고민했으면 하는 것이다. 자신의 모습을 조금이라도 객관적으로 받아들일 때 상대를 충분히 이해할 수 있기 때문이다.

　　대화의 법칙들을 떠올려본다면 어렵지 않을 것이다. 대화의 첫 번째 법칙은 무조건 '경청'이다. 잘 들어야 잘 말할 수 있기 때문이다. 하지만 오늘날 70년대생은 듣지 않으려고 한다. 충분히 경험이 많기 때문에 모든 것을 안다고 자만하고 있는 것이다. 그러한 모습 때문에 90년대생과 부조화가 일어난다. 90년대생도 마찬가지다. 들을 필요가 없는 꼰대의 말이라며 뒤에서 수군거리기 일쑤이다. 옛 속담에 '팔십 노인도 세 살 아이에게 배울 것이 있다'라고 했다. 그만큼 배울 것은 배우고, 인정할 것은 인정해야 한다. 깨우침에 있어서는 나이가 중요한 것이 아니다.

　　그러한 '요즘 세대'의 모습을 안타까워하며 이 책을 써내려 갔다. 직장 내에서 다양한 직급의 사람들이 조화를 이루고 서로를 배려하며 발전적인 방향으로 나아갔으면 하는 바람이 컸다. 혐오와 비방이 넘쳐나는 오늘날이기에 이러한 화합과 조화의 기록은 충분히 가치가 있고 필요하다고 여겼기에 스토리텔링

형식으로 쉽게 쓰고자 애쓰면서 많이 고민했다.

나는 지금 70년대생인데 90년대생의 이야기를 제대로 반영하지 못하면 어쩌나 하는 조바심도 일었다. 그러한 간극을 줄여보고자 다양한 인터넷 커뮤니티들을 기웃거렸으며 활동하는 여러 단체에서 그들의 말에 귀를 기울였다. 동시에 '나의 이야기'가 '나만의 이야기'가 되지 않도록 더욱 조심하고 신경을 써서 한 권의 책으로 완성했다.

'나 때는 말이야'라는 말을 나는 쓴 적이 없을까 하는 물음 아래 숱하게 머릿속 곳곳을 헤집고 돌아다녔다. 딱히 떠오르지 않으니 쓰지 않았다는 단정보다 그만큼 기억에 남지 않을 정도로 별것 아니라 생각하며 우연히라도 쓴 것은 아닌가 하는 걱정이 들기도 했다.

그래서일까. 이 책은 반성과 미안함마저 담고 있는지도 모르겠다. 동시에 '요즘 세대'의 통합을 기원하는 마음을 담고 있는지도 모른다. 이젠 그랬으면 좋겠다. 서로가 서로를 밀어내기보다 끌어당김으로 가까워지기를 말이다. 남처럼, 적처럼 받아들이는 것을 더 이상 당연시하지 않기를 말이다. '라떼는 말이야'가 풍자가 아니라 '라떼는 말이야 우유가 들어 있어서 더 고소해' 정도로 받아들여졌으면 한다.

언제나 지금 내 나이대의 독자들이 이해하고 공감하는 이야기들을 솔직하게 써내려가고자 고민하고 고민하고 고민해왔다. 다음 번 책도 분명 그러한 마음가짐으로 시작할 것임이 분명하다. 나는 당연히 내 또래를 가장 잘 알기 때문이다. 간접경험도 아닌 직접경험으로 모든 것을 온몸으로 받아들여왔기 때문에 너무나도 명확하게 알고 있다.

이 책을 마지막으로 이 말을 한 번은 써보고 싶다. "나 때는 말이야, 카세트테이프를 워크맨에 넣어서 음악을 들었고, 영화를 보려면 극장 앞에서 줄을 서서 표를 끊어야 했고, 서태지에 열광했고 양준일은 특이하지만 멋지다고 생각했고, 수능 만점은 200점이었고…." 그러고 보니 나 때는 이런저런 일들이 참 많았던 것 같다.

차례

C h a p t e r   1

재미있는 일과 잘하는 일을 구분하는 지혜

Chapter 2

"나는 김 부장처럼 되지 않을 거야!"

Chapter 3

바꿀 수 없다면 맞춰갈 용기

Chapter 4

우리 회사에도 차별 이슈가 있다

Chapter 5

오지랖, 뒷담화, 평판이라는 굴레

Chapter 6

회사는 오케스트라, 나는 신입 연주자

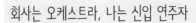

재미있는 일과 잘하는 일을 구분하는 지혜

Chapter 1

첫 번째 말

원하던 회사는 아니었지만
'어쨌든, 결국 취업은 했다'

이른바 '인서울' 상위권 대학 졸업이기에 준비만 잘하면 외국계 기업이나 대기업까지는 아니라도 꽤 이름 있는 기업에 당당히 입사할 수 있을 거라 확신하고 있었다. 학점도 좋고, 토익과 HSK 성적도 있고, 해외 교환학생 프로그램을 무사히 마쳤으며, 1년 가까이 휴학계를 내가면서 취업 스터디도 지겹도록 했다. 아르바이트 열심히 해서 모은 돈으로 해외 봉사 활동도 다녀왔다. 아르바이트 역시 그냥 아르바이트도 아니었다. 친척의 소개로 기업 실무를 경험할 수 있는, 실속 있는 것들만 골라서 했다.

SNS도 팔로워 숫자를 제법 모았다. 안 해본 기업 서포터스가 없었기 때문이다. 너무 열심히 활동해서 표창장까지 여러 번 받았다. 취업 스터디 멤버들도 부러움과 질투를 골고루 섞어가며 나와 함께 스터디를 하는 것에 뿌듯해하고 있었다. 우리 스터디는 꽤나 소문이 나 있어서 대기표를 뽑고 기다릴 정도였다.

누가 봐도 이제는 꽃길만 걷기에 부족함이 없는 스펙 오브 스펙, '금스펙'이라 생각했다. 고생 끝, 아스팔트 무한질주일 거라는 확신 속에서 이력서를 쓰고, 자기소개서를 썼다. '이력서는 왜 이렇게 잘 써지지? 자소서도 술술 써지는데 이거 아무래도 외국계 기업 가려고 이러는 거 아냐?' 취업공고문을 보자마자 지원서를 보내기까지 오랜 시간이 걸리지도 않았다. 일사천리. 정말 이럴 때 쓰는 사자성어인가 보다 싶었다.

잠들기까지 시간이 좀 남아 다른 취업공고문도 여유 있게 살폈다. 한껏 미소가 지어지는 기분에 취해 있었다. 굳이 향수를 뿌릴 필요도 없을 만큼 강렬함에 사로잡혀 있었던 것이다.

하루가 지났다. 새로운 이력서를 썼다. 대기업에 보낼 이력서였다. 이틀이 지났다. 또 새로운 이력서를 썼다. 다른 외국계 기업에 보낼 이력서였다. 3일이 지났다. 그러고는 4일, 5일…. 날짜는 계속 규칙적으로 쉼 없이 흘러갔다. 그 와중에 정말 로봇처럼 계속 이력서를 써야 했다. 그런데 오늘은 이력서를 쓸 기분이 아니었다. '연락이 왔어야 하는데, 왔어야 하는데. 면접 보러 오라고 연락이 와야 하는데 왜 안 오는 거지?'

하루가 지나 쓴 이력서에 대한 답도, 이틀째 쓴 이력서에 대한 답도 감감무소식이었다. 함흥차사. 이번에는 이 사자성어가 딱 맞아떨어지는 것만 같았다. '왜 이렇게 아무런 소식이 없지?' 불안감이 몰려왔다. 이력서를 써야 한다. 그런데 자신이 없었다. 또 떨어지면 어쩌지. 1차 통과도 못하는 나날이 계속되면 어쩌지.

취업 스터디 멤버들과 학교 친구들에게 전화를 걸기도 두려웠다. 합격했다는 소식과 함께 '너는 어디 좋은 데 합격했냐?'라고 물어볼까 봐. 전화 한 통 하는 것이, 카톡 하나 보내서 물어보는 것이 이렇게나 두려울지 몰랐다. 그들이 자꾸 나를 구석으로 몰아붙이는 것만 같았다. 초조함과 불안감이 엄습해 와서 손톱을 물어뜯기 시작했다. '왜 갑자기 이런 버릇이 생긴 거지?' 써야 한다. 이력서를. 자소서를. 누군가 귓가에 계속 속삭이는 것만 같았다.

어머니께서 노크를 하셨다. 귓속 속삭임이 사라졌다. "아들, 저녁 먹어야지." 나는 대답할 수 없었다. 두려웠다. 저 밥 한 술 뜨는 것조차 의미 없다고 느껴졌다. 가슴이 자꾸 쿵쾅쿵쾅 뛰었다. 대답이 없는 나의 무반응이 걱정되셨는지 어머니는 조심스레 문손잡이를 돌리셨다. '드르륵.' 그 소리가 왜 그리도 크게 들리는지. 하늘이 무너지는 소리 같았다.

"혹시나 자고 있나 해서 문 열어봤어. 저녁 먹어야지. 괜찮니?" "저녁 생각 없어요. 이거 좀 더 쓰고 제가 알아서 챙겨 먹을게요." "그래. 먹을 거 냉장고에 넣어둘 테니 꼭 먹어라. 요새 얼굴이 핼쑥하네. 엄마는 늘 아들 편인 거 알지?" 잘 아는데도 그다지 힘이 되는 말은 아니라 미안함과 동시에 슬픔이 또 몰아쳤다.

이력서와 자소서를 정말 많이 썼다. 책 한 권 출간해도 될 만한 양이었다. 뭐가 문제일까. 왜 이렇게 나를 찾는 회사가 없는 거지? 회사에 들어가서 내 자리에 앉는다는 것이 이렇게도 힘들고 어려운 일이란 말인가. 그냥 규칙적으로 출근해서 앉고 자리에서 일어나 규칙적으로 퇴근하는 것뿐인데. 아니다. 불규칙적이어도 상관없다. 이렇게 회사들이 많은데. 이렇게 취업공고문이 많이 올라오는데. 내 눈이 너무 높은 걸까? 그래도 처음에 제대로 잘 들어가지 못하면 나중에 고생할 텐데. 조금 시간이 걸리더라도 참아야 할까, 아니면 눈높이를 낮추어야 할까. 무엇을 선택해야 한단 말인가.

다시금 모니터를 뚫어져라 들여다보았다. 이제는 눈이 뻑뻑해지고 아플 지경이었다. 너무 많이 썼다. 너무 많이 보냈다. 너무 오래 기다렸다. 그래도 해야만 했다. 취업은 희망고문이란 말인가. 대입은 희망이었는데. '눈높이를 낮춰야 했던 걸까? 삶뿐만 아니라 취업에도 레벨이 있는 건가?' 누군가 또 귓가에 속삭이는 것만 같았다.

새로운 이력서를 또다시 써내려갔다. 한 줄 두 줄 세 줄 네 줄. 자소서도 써야 했다. 한 줄 두 줄 세 줄 네 줄. 며칠이 지났다. 방 커튼 열기가 싫어서 며칠째 계속 어둑어둑하게 생활해서인지 몇 시인지조차 정확히 가늠할 수 없었다. '아침이겠지 물론. 꼴 보기조차 싫은 햇살이 저만큼 비집고 들어오는 것을 보니. 또 이력서 써야겠네.'

스마트폰에 문자가 와 있었다. '1차 합격.' 덤덤했다. 면접을 보았다. '2차 합격.' 그러려니 했다. 심층면접을 보았다. '3차 합격.' 갑갑함이 더해졌다. 임원면접을 보았다. '최종 합격.' 그랬다. 나는 합격을 했다. 그런데 기쁘지 않았다. 패배자의 늪에서 겨우 건져 올려진 것만 같았다. 게다가 내가 꼭 가고 싶어서 책상 앞에 붙여두었던 기업들 이름이 아니었다. 하지만 어쨌든 합격은 합격이었다.

부서 배치도 확인했다. 생각조차 못하던 부서였다. '왜 내가 저 부서로?' 합격자는 총 다섯 명. 나머지 네 명에게는 원하는 취업이었을까? 아니면 원하는 부서에 배치가 되었을까? 이도저도 아니면 이 회사를 다닐 마음은 갖고 있는 것일까? 아니나다를까, 나중에 들어보니 두 명이 출근하지 않았다고 한다. 회사만 신입사원을 뽑는 것이 아니었다. 취업준비생들도 회사를 고르고 있었다. '무한경쟁 사회에 들어오신 것을 환영합니다.' 이 말은 팩트체크를 넘어 팩트폭격이었다.

　세렝게티의 먹이사슬 순서가 입사 첫날부터 그려지고 있었다. 나는 가장 아래쪽에 있을 것이다. 긴장도 되고, 두렵기도 하고, 설레기도 하고…. 복잡한 감정이 마구 뒤섞이는 가운데 회사 정문을 통과했다. 내가 근무할 부서를 찾아가는 게 쉽지 않았다. 입구에서도, 저 안쪽 여러 부서를 지나칠 때도 사람들이 쳐다볼 거라 생각했는데 아무도 고개조차 들지 않는다. '신입사원이 온다는 걸 알기는 하는 것일까?'

　바쁘게 지나다니는 누군가와 부딪히기도 했다. 그는 찰나에 고개를 들고는 얼른 별것 아니라는 표정으로 후다닥 지나가 버렸다. 신입사원의 부서가 어딘지 물어보기에도 무서운 눈빛을 하고 있었다. 그렇게 첫날이 시작되었다. 내가 원했든, 원치 않았든.

인간은 한 일에 대해 후회하기보다는
하지 않은 일에 대해 더 많이 후회한다.

- 토머스 길로비치(Thomas Gilovich)

1992년 바르셀로나 올림픽 시상식 사진을 분석하여 〈인격과 사회심리학 저널〉에 발표한 논문으로 잘 알려져 있는 토머스 길로비치 미 코넬대 심리학과 교수. 그는 '2등의 역설', 즉 금메달에 거의 가까웠으나 아쉽게 은메달을 딴 선수에 비해 메달을 따지 못할 어려움을 극복하고 동메달을 거머쥔 선수의 만족감이 더 크다는 이론을 발표했다.

객관적으로 봤을 때는 2등인 은메달을 딴 선수가 동메달을 딴 선수보다 행복감이 더 커야 하는데 그렇지 못하다는 것은 그만큼 아쉬움이 크기 때문이다. 이러한 심리는 꼭 필요한 물건이 아니라 사람들이 많이 사니까 그 물건을 사게 되거나, 유행 때문에 굳이 필요하지도 않은데 사는 경우처럼 비합리적인 결정을 하는 것과 맥락을 같이한다고 할 수 있다.

길로비치 교수의 연구 내용 중에는 이러한 것도 있다. 연구에 참가한 사람들에게 살아온 생애를 되돌아보았을 때 가장 후회하는 것을 말하게 했던 것이다. 응답자 중 75%는 공부하지 않은 것, 가족이나 친구와 많은 시간을 함께 보내지 못한 것, 좋은 기회를 놓친 것 등 무언가 하지 못한 것에 대한 후회가 컸다고 한다. 나머지 25%는 자신이 한 행동에 대한 후회였다. 직업을 잘못 선택했거나, 결혼을 잘못했거나, 실수를 저질렀을 때처럼 말이다.

하지만 결국 인간은 누구나 후회를 하게 마련이고, 어떠한 상황에서도 만족을 못하게 마련이다. 그런 후회를 빨리 털어버리고 지혜롭게 다음 일로 넘어가는 것이 더 중요하지 않을까? 인간의 삶은 언제나 모순덩어리일 테니 말이다.

두 번째 말

"어, 나 은근
샐러리맨 체질인가 봐!"

이 회사로 출근을 한 지 일주일이 지났다. 솔직히 말하자면 다른 더 좋은 회사로 갈 수 있지 않을까 싶어 이미 이력서를 제출했던 다른 기업의 연락을 기다렸던 것이 사실이다. 하지만 딱히 연락이 없었다. 그나마 왔던 연락은 '불합격 통지.' 여전히 내게 희망고문만 끊임없이 안겨주고 있었다. 면접 보러 달려갈 준비를 일주일 내내 하고 있었는데 출발 스타트조차 끊질 못했다. 포기가 빨라야 인생이 편할 텐데.

'내가 못 들어가면 과연 누가 들어간단 말인가' 하는 자조 섞인 푸념과 함께 언제부터인가 끊었다고 자부했던 담배마저 무의식중에 피우고 있었다. 나보다 1년 정도 먼저 입사한 선배와 함께. 선배는 늘 부서에서는 파이팅을 외치지만 담배 피우러 나올 때는 말이 없었다. '나와 똑같은 심정일까? 아니면 일이 너무 많아 지쳐버린 것일까? 1년 만에?' 그러고 보니 입사하고 한 달도 안 되어 잠적한 사람들이 있었다고 들었다. 사실 한 달이 면 다행이다 싶긴 했다. 3일 만에 사라져버린 누군가도 있었다 고 한다. 너무 금방 사라져버려 모두에게 그냥 '누군가'로 불린 다. 전설처럼 암암리에 퍼지는 영웅의 미담같이. 과장급 이상은 역시나 "요즘 것들은 말이야" 하며 '누군가'를 험담하기에 여념 이 없었다.

담배를 피우는 동안 아무 말도 없던 선배는 부서로 돌아오 자마자 금세 웃는 얼굴로 돌변한다. 연기자가 따로 없다. 배우 를 했어야 하는데 왜 직장인이 되었을까 싶을 정도다. 순식간에 바뀌는 포커페이스. 부서로 들어올 때면 정확히 눈이 마주치게 되는 자리에 박 차장이 앉아 있기 때문에 웃지 않을 수 없다. '허 걱.' 들어올 때마다 놀란 적이 한두 번이 아니다. 수수께끼를 내 서 못 맞추면 그 자리에서 바로 죽인다는 이집트의 스핑크스처 럼 살벌하게 느껴질 때도 있었다.

그런 그가 샐러리맨은 늘 웃으며 생활해야 하루가 활기차 다고 아침부터 강조를 하는 통에 매일 아침 전 부서원이 '억지웃 음' 연습을 하고 있었다. 그래서 다들 책상 위에 작은 거울이 있 다. 내가 입사하기 전에는 체조까지 했다고 한다. 구령소리를 내는 바람에 참다못한 옆 부서에서 항의가 들어와 그만두었지만 말이다.

개인의 개성은 전혀 고려하지 않는 박 차장이었다. 배려조차 없는 박 차장이었다. 누구는 회사의 목표에 도움이 되지 않는 개성은 없애야 한다고 강조했다. 다른 누구는 요즘 때가 어느 때인데 그런 구시대적인 발상을 하는 것이냐며 전면 반박하기도 했다. 여하튼 난 이러저러한 목소리조차 내지 못하는 부서에 와 있다. 벌써 일주일째.

학교 다닐 때나 취업 스터디 할 때는 아이디어도 뛰어나고 리더십도 있다고 다들 좋아한 나였는데, 이곳에서 나는 그냥 '원 오브 뎀'이었다. 눈치만 늘어가기 시작했다. 박 차장보다 일찍 출근하고 늦게 퇴근하는 생활에 나의 일상이 맞춰지기 시작했다. 그나마 임원 회의가 퇴근 시간 무렵에 자주 있어서 다행이지 그게 아니었으면 매일 아홉 시는 되어야 퇴근할 수 있었을 것이다.

주 52시간은 꿈도 꾸지 못할 터. 일 52시간이 아니면 다행이다 싶다. 일주일 동안 회사에서 뭘 한 건지 도대체 잘 모르겠지만, 그래도 나는 이 조직의 일원으로 일주일을 버텨냈다. 기억나는 일이 몇 가지 있기는 하다. 복사하기, 생수통 갈기, 택배 보내기 등등. '아, 맞다. 스마일 연습이 있었지. 제일 중요한 그거. 그래도 커피 안 타는 게 어디야.' 그렇게 잘이든 아니든 견

더냈다. 그러고는 퇴근 중 나도 모르게 이렇게 중얼거렸다. "어, 나 은근 샐러리맨 체질인가 봐."

계란이 새로 변하는 것은 어려울지도 모른다. 계란이 계란인 채로 나는 법을 배우는 것은 조금 더 어려울지도 모른다. 우리는 지금 계란과 같다. 그리고 당신은 그냥 계속 평범하고 상하지 않은 계란으로 있을 수는 없다. 우리는 부화하거나 상할 수밖에 없다.

- C. S. 루이스(C. S. Lewis)

《나니아 연대기》로 너무나 잘 알려져 있는 기독교 사상가이자 작가인 C. S. 루이스는 변호사인 아버지와 목사 딸인 어머니 사이에서 태어나 유복한 유년기를 보냈다. 호수와 언덕이 보이고 뱃고동 소리가 들리는 집에서 문학적 감수성을 키워온 그는 형과 함께 다락방에서 자유로운 상상의 날개를 펼치며 문학 소년으로 성장하고 있었다.

루이스 형제에게는 신체적 결함이 있었다. 바로 엄지손가락 관절이 하나뿐이었던 것이다. 그래서 손으로 무언가를 만드는 것이 쉽지 않았다. 루이스는 집이나 배를 만들고 싶은 간절함을 접고 글쓰기의 기쁨을 누릴 수밖에 없었다. 신체적 결함이 그의 문학적 재능을 키우는 데 오히려 도움이 되었던 것이다.

  자신에게 부족한 부분이 있다고 깨달았을 때 오늘날 많은
사람들은 쉽게 좌절하거나 남 탓으로 돌리는 경우가 많다. 심지
어 부모님을 원망하기도 한다. 하지만 조금만 생각의 방향을 바
꾸면 다른 쪽으로 더 나은 길을 찾아 떠날 수도 있다는 사실을
잊지 말아야 한다. 관절이 하나뿐이라고 절망하지 않고 자신이
잘할 수 있는 다른 길을 찾아 떠난 후 세계적인 작가로 명성을
날린 루이스처럼 우리도 'Plan B'를 잘 짜서 새로운 길을 잘 찾
아갈 수 있어야 할 것이다.

세 번째 말

5분 일찍 출근하기 Vs.
5분 지각하기

대학교 4학년 졸업이라는 표현은 이제 왠지 촌스럽게 느껴진
다. 취업이 '하늘의 별 따기, 전쟁, 묻지 마 취업' 같은 표현들로
설명되면서 5학년, 6학년을 가뿐히 넘어서는 잔류자들이 대학
교마다 넘쳐난다. 아무래도 졸업자보다는 재학생 신분으로 취
업 전선에 뛰어드는 것이 유리하기 때문이다.

　졸업을 앞둔 당시에는, 취업 스터디를 한창 하면서 불안감
이 폭발하여 불면증에 시달렸다. 취직을 못해 백수 생활을 하고
있는 모습이 머릿속에 그려져 강박증까지 함께 몰아쳤다. '아,
이렇게까지 했는데 빈둥대기만 하면서 살면 어쩌지. 원하는 대
기업에 취업해야 부모님뿐만 아니라 친척, 친구, 선후배들에게
도 당당해질 수 있는데.' 이런 생각을 하다 보면 과연 무엇을 위
한 취업인가 하는 혼란스러움만 더욱 커졌다. 그런 마음이 불면

증과 강박증으로 이어졌나 보다.

그런데 원했던 곳이든 그렇지 않은 곳이든 여하튼 취업을 하고 보니 불면증과 강박증이 감쪽같이 사라졌다. 대신에 눈칫밥이 점점 쌓여갔고, 조바심이 생기기 시작했다. 대리님, 과장님, 차장님의 표정 하나하나가 매순간 신경 쓰였고, 그들이 부르면 칼같이 답해야 했다. 그리고 하나 더. 피곤함이 매일 극에 달했기에 집에 도착하면 기절하듯 잠들어버렸다.

그래서일까. 아침 5분이 정말 목숨같이 느껴졌다. 스마트폰, 자명종, 시계까지 총 3개의 알람이 1분 간격으로 울려도 "이불 밖은 위험해"를 외치듯 이불을 시원스레 걷어차는 것이 좀처럼 되지 않았다. 알람이 순서대로 울리면 울릴수록 이불 속을 더 깊게 파고들고 뱀이 똬리를 틀 듯 꼬아대기 시작했다. '아, 출근하기 싫어. 너무 싫어. 죽을 것같이 싫어. 싫어, 싫어, 싫어증.'

매번 5분 지각할 때마다 눈치가 정말 이루 말할 수 없을 만큼 쌓여만 간다. 윗분들이 속으로 뭐라 할지 머릿속에 불안감을 잔뜩 안고서 겨우겨우 자리에 털썩 주저앉는다. '저 자리 하나조차 내게는 없는 것일까' 하는 생각이 바로 얼마 전이었는데, 이제는 저 자리가 왜 이렇게나 전기의자 같은지 모르겠다.

눈치의 순서가 차장님부터 롤러코스터를 타고 내려오더니 1년 위 이 선배가 카톡으로 잽싸게 연락을 해온다. '자꾸 지각하면 큰일 나는 거 몰라요? 요새 분위기도 안 좋은데. 그 5분 빨리 오는 게 쉽지 않은 거 잘 알지만 오늘 회의 때 분명 얘기 나올 거란 말이에요. 눈치껏 해주세요, 제발. 다른 사람들이 피해를 보잖아요.'

그랬다. 내가 뭔가 조금 센스 있게 잘하면 자기들이 잘 가르쳐서 그런 거라고 으스대듯 말하면서, 조금이라도 실수하면 모두에게 피해를 주는 거란다. 덧붙여 다른 신입사원은 잘한다는데 우리 부서 신입사원은 왜 그런지 모르겠단다. 정말 냉정하다 못해 칼 같은 곳이 회사라는 생각이 들었다. '그래, 조심해야지. 그런데 너무 힘들단 말이야. 군대도 아니고, 정말. 아직 적응도 안 되고 있는데.'

회의가 소집되었다. 부서 실적과 앞으로의 전망 같은 일반적인 이야기들이 지나가고 나니 신입사원 이야기를 해야겠다며 박 차장이 일장연설을 꺼내기 시작한다. "나 때는 말이야(요즘 신입사원들이 진저리치도록 싫어하는 말). 아침 9시까지 출근하라고 하면 7시 반, 아니 최소한 8시까지는 나왔어(끊임없이 기분 나쁘게 반말을 하는 박 차장). 그런데 요즘 애들은 기본이 안 되어 있어(본인은 능력이 안 되어 일찍이라도 나오고 회사에서 거의 제일 마지막에 퇴근해서 그나마 차장이라도 하고 있다는 소문이 파다했다). 칼출근에, 칼퇴근이라니. 말도 안 돼. 아무리 세상이 바뀌어도 그건 아니지. 바로 위 선배들이 좀 잘 챙겨. 회사에서 말 안 나오게."

끔찍하기 그지없는 꼰대 스타일이라는 게 확연히 드러난다. 세상은 바뀌고 있는데 왜 윗분들은 바뀌지 않는 것일까? 한편으로 생각해보면 박 차장 나이대가 엄청난 변화를 겪고 아픔을 삭이던 나이대인 것 같기도 하다. 소위 말하는 IMF 세대가 아니던가. 나는 워낙 어릴 때 몰아닥친 태풍 같은 사건이라 기억에 남아 있지 않지만, 우리 삼촌, 이모, 부모님 세대가 겪었을 고통은 이루 말할 수 없었겠지.

직장도 마찬가지였겠지. 영원한 정직원이 보장되던 세상이 지나가고, 언제든지 능력과 상황에 따라 퇴사라는 서슬 퍼런 칼이 대기하고 있던 세대의 중심에 서 있었을 테니. 생각해보면 박 차장의 말이 맞는 부분도 있다. 정말 못해도 9시까지는 출근해야 하는 것이 맞다. 내가 지켜야 할 의무들을 완수하지 못하면서 권리만 내세우는 것은 인간으로서의 도리도 아닐뿐더러, 직장인의 기본자세도 아닐 테니까.

그나저나 회의 때 박 차장에게 한마디 듣고서 정신이 어질어질했는데, 회의 끝나고 나니 선배가 담배 피우러 가자는 핑계를 대고서는 몇 마디 잔소리를 보탠다. 원래 말이 별로 없는 포커페이스 같은 사람인데, 괜히 자신까지 피해당하는 거 같아서 싫기는 한가 보다.

입이 열 개라도 변명할 거리는 없지만, 그래도 아침부터 너무 당했더니 오늘도 여전히 힘든 하루가 시작되는 것 같아 기운이 나질 않는다. 그런데 내일부터 아침 일찍 어떻게 일어난담? 정말 딱 5분인데. 자기계발의 대가들은 하루 5분을 일주일간 모으면, 한 달을 모으면, 1년을 모으면 하면서 나의 숨통을 조여오겠지. 모두가 그렇게 살았다면 세상 모두가 마에스트로가 되었을 것이다. 그런데 난 아무리 생각해봐도 그 정도까지는 아닌, 평범한 일반인이다. 정말 일반인들을 위한 5분 일찍 일어나기 방법은 없단 말인가.

누군가는 이렇게 말했다. 정말 가슴 뛰는 일이 무엇인지 생각해봐, 잠들 때도 행복하겠지만 그 생각을 아침부터 하고 싶어서 눈이 번쩍 뜨인다고. 그런데 아무리 봐도 이건 아닌 것 같다. 지금으로선 가슴 뛰는 일을 도무지 찾아낼 수 없으니. 다른 누군가는 또 이렇게 말했다. 정말 멋진 연애를 해보는 거야. 말이 되는 소린가. 아침에 일찍 일어나려고 연애를 한다는 것은 너무 어불성설이다.

그래. 그냥 다른 알람을 사는 편이 낫겠다. 확실히 끌 때까지 마구 도망 다니는 알람도 있다고 하는데 그런 알람을 사야겠다. 그 편이 더없이 현실적일 것이다. 아, 5분 늦잠 자는 것과 5분 일찍 출근하는 것 사이에는 겨우 10분 차이밖에 없는데 왜 이렇

게나 평생같이 느껴지는지 모르겠다. 그리고 보니 벌써 11시 50분
이다. 박 차장 이하 부서 윗분들 모두 모시고 오늘은 어디로 식
사하러 가야 하나. 다녀와서 알람이나 눈치껏 찾아봐야겠다.

지금의 시대도, 언제나 그렇듯 아주 훌륭한 시대이다.
이 시대에 우리가 무엇을 해야 하는지만 알고 있다면.

- 랄프 왈도 에머슨(Ralph Waldo Emerson)

7대에 걸쳐 성직을 이어온 목사의 집안에서 태어난 랄프 왈도 에머슨. 1826년 하버드대학 신학부를 졸업하고 1829년 보스턴 제2교회의 목사가 되었으나, 종교에 대한 그의 자유분방한 입장에 교회가 반발하여 1832년 사임해야만 했다.

많은 이들이 기독교를 전복시키려 했다는 이유로 에머슨을 비난하기도 했다. 하지만 그는 '좋은 성직자가 되기 위해 교회를 떠나는 것이 필요했다'고 말하며 자신이 무엇을 해야 하는지를 명확하게 알고 있었다. 1838년에는 모교인 하버드 신학대에서 한 연설 때문에 30년간 하버드대에서 환영받지 못한 동문으로 낙인찍히기도 했다. 이 연설에서 그는 '하나님이 죽은 것처럼 행동하고, 교인들의 영혼을 옥죄며, 교리만을 강조한다'고 교회를 비난했던 것이다.

결국 당장은 인정받지 못하더라도, 비난으로 고통스럽더라

도 무엇을 어떻게 해야 하는지를 알고 있었던 에머슨처럼 오늘
날 우리 역시 지식과 지혜를 조화롭게 활용하여 신념을 갖고 행
동할 때 가치 있는 사람으로 평가받지 않을까 하는 생각을 해본
다. 자연으로부터 영감을 받은 미국적인 개인주의의 발생을 이
야기할 때 놀라울 정도로 일관성을 유지했던 에머슨의 행동은
그러한 자신만의 사상을 쌓아가는 데 커다란 주춧돌이 되었다.

충분히 갖추었다고 생각할 때까지 자신을 다스리고 발전시
킬 수 있어야 한다. 그러고는 그런 마음가짐으로 자신만의 목소
리를 당당히 낼 수 있어야 한다. 그래야만 주위에 흔들리지 않고
굳건히 앞으로 나아갈 수 있기 때문이다.

네 번째 말

월화수목금금금으로
살지 않으려고

새벽이다. 눈을 뜨고 새벽임을 알았을까, 그저 몸이 그렇게 느끼는 것일까? '지금은 아마도 새벽 5시 30분일 테지.' 알람은 분명 5시 40분에 맞췄는데 어느 날부터인가 무조건적으로 부스스 눈이 떠진다. 무려 10분을 더 잠들지 못하는 것이다. 기적 같은 일이다. 이러나저러나 40분에는 하늘이 두 쪽 나더라도 일어나야 한다.

그 10분 동안 온갖 생각들이 씨줄날줄처럼 얽히고설켜 새벽 마음을 무겁게 짓누른다. 솔직하게 말해서 기분 좋게 짓누른다고 말하진 못하겠다. 취업 준비 기간 동안 숱하게도 외쳤던 그 말, '카르페 디엠Carpe Diem, Seize the Day'. 오늘도 어김없이 속으로 외치지만 그때와 지금은 다르다. 휴!

39분 50초 정도 되었다고 느껴지는 찰나에 겨우 '이불킥'을

소심하게 날리며 일어난다. 그래도 여전히 꾸물거린다. 몸이 천
근만근이다. 온 우주가 힘을 합쳐 나를 '중력×1,000,000,000'의
힘으로 내리누르는 것만 같다. 우와, 도저히 '벌떡' 일어나지질
않는다.

회사원이라는, 나를 지칭하는 용어가 바뀌면 모든 것을 다
잘 해낼 수 있을 줄로만 알았다. 드라마를 너무 많이 봤나 보다.
현실과 판타지는 분명 다른데 말이다. TV 속에서는 어찌 그렇
게도 아침만 되면 다들 기다렸다는 듯이 슝 일어나서 출근하는
지. 드라마 〈직장의 신〉에서 김혜수 님은 완벽하게 칼기상, 칼
출근, 칼점심, 칼퇴근을 하며 칼 같은 나날들을 보내던데.

나는 오늘도 눈이 떠지는 그 순간만 칼 같다. 막상 일어나
려고 하니 왜 이리도 목에 칼이 들어와 있는 것처럼 부들부들
떨리기만 하는지. 다시금 현실로 돌아온다. 양치를 했다. 세수
를 했다. 옷을 입었다. 어머니께서 아침 먹고 가라고 조심스레
말을 건네신다. 하지만 먹고 간 적은 없다. 지난 몇 주간…. 미
안한 마음 가득하지만 내 표정을 보신 어머니는 더 채근하지 않
으신다.

출근하는 첫날에는 맛있게 먹었다. 주말드라마 포스터 속
행복한 가족의 여느 아침과 다름없었다. 아침 뉴스를 보시다 식
탁으로 건너오신 아버지, 국그릇을 옮기며 미소가 끊이지 않던

어머니, 주먹을 불끈 쥐며 "회사 열심히 다니겠습니다"라고 말할 것만 같은 오그라드는 나. 건강에 좋다는 현미밥에서 유난히 김이 모락모락 피어올랐다. 불고기는 한 접시를 뚝딱 해치웠다. 미역국은 뱃속을 편안하게 만들어주었다. 어머니는 비타민까지 챙겨주셨다. 이렇게 매일 먹어야 하루를 알차게 보낼 수 있을 것이라 확신했다.

하지만 내 생각은 환상에 지나지 않았다. 다음 날부터 소화불량이 오기 시작했다. 물 한 모금 마시기도 쉽지 않았다. 이것이야말로 직장인의 리얼 라이프였던 것이다. 둘째 날부터는 출근하는 나를 안쓰럽게 바라보시는 부모님의 눈길이 뒤통수를 타고 어깨로 내려앉았다. 죄송했지만 어쩔 수가 없었다. 도저히 먹을 수 없을 것 같았으니까.

어제는 회식 마치고 몇 시에 집에 도착했더라? 그래도 요즘엔 회식이 목요일이어서 다행이었다. 그나마 금요일에는 조금 여유를 부릴 수 있을 테니까. 집에 도착했을 때가 거의 새벽 1시였던 것 같은데, 그것도 나는 신입이라 먼저 일찍 들어가라고 나름 배려해주셔서 그때쯤 들어왔다. 집에 와서는 역시나 바로 기. 절.

팀 내 다른 분들은 좀 더 늦게까지 계셨을 텐데 다들 지각하시면 어쩌나 걱정하는 마음으로 우리 부서에 어기적거리며 들어섰다. 순간 나는 경악을 금치 못했다. 모두들 나보다 먼저 자기 자리에 앉아 있었다. 이게 뭐지? 공포영화의 한 장면 같은 무시무시함. 게다가 표정도 더없이 밝았다. 늦게까지 회식을 했다는 표정을 짓는 사람은 아무도 없었다. 나만 쓰러질 것만 같은 표정을 짓고 있었던 것이다.

박 차장 이하 모두들 한마디씩 거든다. "괜찮은 거죠? 조심히 잘 들어갔죠? 어제 가볍게 한잔했으니 오늘은 더 열심히 해봅시다." 오늘은 분명히 금요일이다. 요일이 주는 분위기에 기대어 조금은 처져 있어도 상관없지 않은가. 조금은 딴생각을 해도 되지 않은가. 조금은 밍기적거려도 문제없지 않은가. 그런데 나 빼고는 아닌가 보다. 아니면 '조커'를 능가하는 포커페이스의 소유자들이거나.

회사에 다니면 폭포수처럼 쏟아지는 일이 많아서 '월화수목금금금'일 거라고 생각했다. 하지만 지금 보니 마음가짐부터가 토요일과 일요일은 없다는 느낌이다. 늘 한결같은 이런 분위기 때문에 '직장인'이라고 하는 것일까? '회사원'이라고 부르는 것일까? 내가 착각하고 있었던 것은 아닐까? 회사를, 사회를 쉽게 여겼던 것은 아닐까?

회사가 싫어 죽겠다는 생각 때문에 '싫어증'에 걸릴 것이라고만 생각했다. 하지만 조금이나마 희망이나 즐거움을 발견할 수 있는 무언가가 존재하는 곳이 아닐까 하는 의구심이 생기기 시작했다. 의무를 다하면서 권리를 요구해야 하지 않을까 하는 합리적인 판단.

모두들 회사 다니기 싫어 죽겠다고 하면서도 다닌다. 그런 마음가짐이 얼마나 고통이겠는가. 조금만 더 다녀야 하는 이유를 찾고, 그보다 더 잘 다닐 수 있는 방법을 찾는 것이 이득이 아닐까 싶다. 같은 팀에 있는 이 분들이 아무 일 없었다는 듯 다음 날을 무사히 보내는, 아니 치러내는 모습을 보면서 직장인으로 산다는 것이 무엇인지 깨닫기 시작한다. 그렇다. 이제부터 말할 수 있겠다. 오늘부터 나는 진짜 직장인이 된 것이다. 다녀야만 하는 회사에서 진정 나를 위해 사는 것이 무엇인지를 찾아봐야겠다. 마구 흩어져 있는 퍼즐의 첫 번째 피스를 끼워 맞춰 넣은 기분이다.

가끔은 칠흑 같은 어두운 방에서 자신을 바라보라.
마음의 눈으로, 마음의 가슴으로, 주인공이 되어…
"나는 누구인가, 어디서 왔나, 어디로 가나."
조급함이 사라지고, 삶에 대한 여유로움이 생긴다.

-김수환 추기경

　

가톨릭 사상 최초 한국인 추기경이자 선종 당시 추기경들 가운데 가장 오랫동안 재임한 추기경이라는 기록을 남긴 김수환 추기경은 종교인을 넘어 대한민국 국민의 인권과 민주화운동사에서 중요한 역할을 담당한 우리 시대 지도자 중 한 명이라 해도 과언이 아니다.

　　일제시대 당시 동성상업학교 재학 시절, '천황 폐하의 생신을 맞이하여 황국신민으로서 소감을 쓰라'는 윤리 시험문제에 '나는 황국신민이 아님. 그러므로 소감이 없음'이라고 썼다는 에피소드는 그의 당당함과 대범함을 여과 없이 보여주는 사례라 할 수 있겠다. 더불어 시대가 시대인지라 자신이 무엇을 해야 할지를 여실히 인지하고 있었던 사건이 아닐 수 없다.

김수환 추기경은 특히 민주화운동 당시 정신적 지주로 활동하며, 6월 항쟁 때 명동성당에 들어온 시위대를 연행하기 위해 경찰이 투입되려 하자 맨 앞에 서서 이렇게 외쳤다. "경찰이 들어오면 맨 앞에 내가 있을 것이고, 그 뒤에 신부들, 그 뒤에 수녀들이 있을 것이오. 그리고 그 뒤에 학생들이 있을 것이오." 이 유명한 일화는 지금도 많은 이들 사이에 종종 회자되고 있다.

2009년 2월 향년 88세로 떠나면서도 "그동안 많이 사랑받아서 감사합니다. 서로 사랑하십시오. 용서하십시오"라며 자신을 더없이 낮추었던 그 분의 모습을 통해 '진짜' 내가 누구인지, 지금 현 상황에서 가장 나답게 해내는 것이 무엇인지를 고민해 볼 필요가 있을 것이다. 무조건 반대를 위한 반대만 할 것이 아니라 지금의 상황을 냉철하게 직시하고 가장 현명하게 행동하는 법, 그러한 모습으로 현재를 살아갈 필요가 있지 않을까.

다섯 번째 말

일과 결혼하려는
당신의 이중심리

TV에서 참 많이도 이 단어를 들었다. 일중독, 즉 워커홀릭. 일이 너무 좋아서 환장할 것 같은 사람들을 지칭하는 단어인 줄만 알았다. 번아웃, 우울증 같은 단어들과 연결 짓는 기사들도 제법 많이 보아서 부정적인 느낌이 들기는 하지만, 그래도 일에 푹 빠져 사는 사람이라는 생각에 동경하는 마음이 들기도 했다. 한 우물을 열심히를 넘어 미친 듯이 팠더니 성공했다고 하는 성공 스토리처럼 여겨지기도 했기 때문이다. 하지만 '내'가 직접 사회생활을 하다 보니 마침내 깨달을 수 있었다. 일이 너무 많아서 워커홀릭이 될 수밖에 없는 구조였던 것이다. 게다가 생각보다 비효율적인 업무 프로세스도 단단히 한몫하고 있었다.

　최근 주 52시간을 보장받으려는 직장인들이 부쩍 많아졌다. '칼퇴'라는 단어가 일상이 될 거라는 예측도 숱하게 나왔다.

퇴근 후 취미생활도 누리고, 집에 일찍 돌아가 가족과 오붓하고
도 단란한 시간을 가질 거라고 누군가는 말했다. 그렇지만 여전
히 현실에는 다양한 편법이 존재했다.

우리 회사에서도 그 편법이 공공연하게 당연시되고 있었다.
6시가 되면 팀마다 불이 꺼지기 시작한다. 공포영화 속 한 장면
처럼 저기 입구에서부터 착착착 소리를 내며 형광등이 소등된
다. 하지만 그때부터 누군가는 책상 위 스탠드를 켜느라 분주하
다. 모두의 책상에 모두의 스탠드가 존재하는 이유였다. '아, 이
렇게 하면 눈 나빠질 텐데' 하는 생각이 들지만 어쩌겠는가, 일
은 많고 어떻게든 해야 하고, 내일은 내일의 일이 있으니까.

누군가는 집으로 일거리를 싸 짊어지고 간다. 집에서는 집
중이 잘 되지 않으니 독서실이나 동네 도서관으로 이동하는 물
결도 보인다. 차라리 이곳에서 하는 게 효율적일 텐데 하는 생
각이 순간적으로 들어서 고개를 절레절레 흔들었다. '아니야, 이
곳에서 6시 이후에도 일을 할 게 아니라 그 전에 일을 다 끝마쳤
어야 하는데 말이지. 그런데 차장님은 6시 퇴근과 동시에 과장
님한테 일거리를 넘겨주고 가버렸으니 이거야 원.'

그랬다. 직장인들은 자발적으로 또는 반자발적으로 일과
결혼한 것이 아니었다. 이건 완전 강제 결혼이었다. 누가 강제
결혼을 좋아하겠는가. 게다가 상대가 자신과 어울리지도 않는

다면 더 말할 필요도 없다. 저녁밥은 못 먹어도 야근은 먹어야 하는 세상. 오히려 낮에 열심히 일해놓는 것이 비효율적인 행동이라고 눈치 받는 세상. 그런 부조리는 얼른 사라져야 할 텐데 말이다.

이런 씁쓸한 마음을 다잡고 책상에 앉으려는데 일찍이 외국계 기업에 취업한 취업 스터디 멤버에게서 카톡이 왔다. 괜히 열등감 아닌 열등감이 생겨서 그동안 피했는데 이제는 취업도 했겠다, 딱히 피할 이유는 없었다. 찜찜하긴 해도 뭐 굳이 피할 것까지야. 그런데 또다시 피하고 싶은 마음이 커졌다.

'안녕하세요. 잘 지내셨죠? 취뽀(취업 뽀개기)하셨다는 이야기는 들었어요. 몇 번 연락드렸었는데 바쁘셨는지 답이 없네요. 이번에 스터디 멤버들끼리 가까운 동남아 여행 계획할까 싶은데 함께하셨으면 해서요. 그래도 덕분에 외국계 기업 취업까지 된 거 같아서 감사한 마음에 여행 가서 크게 한 턱 쏠까 싶어요. 괜찮으시면 답 주세요.'

취업한 지 얼마 되지도 않았을 텐데 외국계 기업이라고, 휴가 자유롭게 이용 가능하다고 대놓고 자랑하는 거야 뭐야. 다른 사람들 상황 뻔히 알면서. 이래서 대학교 입학 후, 취업 후, 결혼

후에 인맥이 갈라지는 것인가 싶었다. 끼리끼리 놀아야 한다는 말이 진리인 것만 같았다. 나는 지금 눈치 야근으로 밥도 못 먹고 있는데, 휴가라니. 그러고 보니 몇 개월 후면 휴가일 텐데 며칠이나 쓸 수 있을지 모르겠다. 신입사원이라 여유롭게 쓰진 못할 테니 그냥 며칠 집에서 쉰다는 생각이 속 편할 것 같았다.

어차피 더 연락할 일이 없을 듯하여 카톡을 '읽씹'해버렸다. 이해하겠지. 어떤 의미인지. 차라리 이럴 때는 카톡이 속 편하다. 말로 하다 보면 얼버무리기도 힘든데 말이다. 나랑 같이 입사한 다른 팀 신입들은 열심히 잘하고 있으려나. 혹시 벌써 그만둔 누군가가 있는 것은 아니려나.

누군가는 이렇게 행동하는 90년대생을 이해하기 어렵다고 하지만, 사실 90년대생이라고 해서 별다를 것은 없다. 옛적 X세대도, Y세대도, 오렌지족도 다들 그 당시 자신들이 최고라며 시대 흐름의 중심이라고 으스댔겠지만 결국 세월의 흐름에 자연스럽게 몸과 영혼을 맡길 수밖에 없지 않은가.

굳이 세대를 나누는 것이 중요한 것이 아니라, 시대 흐름에 눈치껏 편승하는 것이 더 중요하다는 생각이 든다. 더불어 나를 둘러싸고 있는 상황들이 무엇인지 재빨리 파악하는 것은 말할 필요도 없겠지. 그렇다고 해서 일과 결혼하고 싶지는 않다. 나는 언제쯤 칼퇴를 외치며 문을 박차고 나갈 수 있을까? 뭔가 대단한 성과를 올린 후 든든하게 인정받고 나면 가능하려나? 그러려면 몇 년 차가 되어야 할까?

아니면 그냥 90년대생의 오기라는 생각에 다들 혀를 차더라도 이해하려나. 혹시 모르니 다른 신입들 동태도 좀 파악해야겠다. 나만 너무 튈 수는 없으니. 그런데 왜 우린 '단카방'(단체카톡방)이 없는 거야? 개인주의적인 삶은 편하기도 하지만, 불안감을 떨칠 수 없게 만들기도 한다. 상황이 어떻게 돌아가는지 당최 알 수가 없으니 말이다. 나만 잘하면 된다고? 휴, 이런 철없는 소리 마시길. 뭐가 잘하는 건지 잘 모르니까 문제지 말입니다.

당신이 하는 거의 모든 일이 별로 의미 없는 일일 것이다.
하지만 당신이 그런 일들을 한다는 그 자체가 중요하다.

- 마하트마 간디(Mahatma Gandhi)

가난한 탁발승일 뿐, 가진 것이라고는 물레와 교도소에서 쓰던 밥그릇, 염소젖 한 깡통, 허름한 요포 여섯 장, 수건 그리고 대단치 않은 평판이라고 말했던 인도의 정치가이자 독립운동가 마하트마 간디. 1999년 〈뉴욕타임스〉가 지난 1,000년의 인류 역사 중 최고의 혁명으로 간디의 비폭력불복종운동을 꼽았을 정도로 전 세계적으로 존경받는 위인이다.

그런 그도 자신이 하는 일이 남들이 보기에 별로 의미 없는 일일 수도 있다고 생각했을 것이다. 과연 이렇게 한다고 영국으로부터 독립이 가능할지에 대한 회의감과 의구심도 많이 들었을 것이다. 하지만 누군가는 해야 했고, 그 일을 바로 내가 해야 한다고 믿었기 때문에 가치 있는 일로 평가받았으며, 많은 사람들이 함께할 수 있었던 것은 아닐까?

세상을 바꾼다는 것, 아니 가장 가깝게는 나를 바꾼다는 것은 밀알 같은 사소한 믿음에서 출발하는 것이 아닐까? 그 믿음이 커지고 커져서 나비효과처럼 세상을, 그리고 나를 바꿀 수 있기 때문이다. 그러니 지금 내가 하고 있는 일이 너무나 보잘것 없고 하찮은 일처럼 보일지라도 우직하게 믿음을 갖고서 꾸준히 해나간다면 그 분야에서 마에스트로, 즉 장인이라는 인정을 받을 수 있을 것이다.

한 우물을 꾸준히 파내려 가다 보면 언젠가는 샘솟는 물줄기를 발견할 수 있을 터이니.

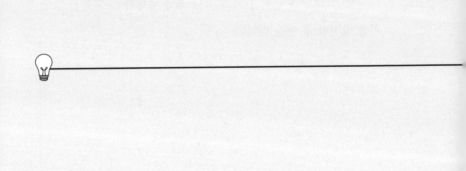

"나는 김 부장처럼
되지 않을 거야!"

Chapter 2

70년대생과
90년대생이 만났습니다

'꼰대.' 90년대생들은 입 밖에 내기도 싫어하고, 70년대생들은 혹시나 자신이 그렇게 불릴까 싶어 조마조마합니다. 소비와 유행, 트렌드를 이끌어가는 세대가 분명 지금은 90년대생들입니다. 그들에게 맞추어야지만 회사 매출에도 플러스가 될 듯하고, 신입사원들이 바로 그들이기에 잘 어우러지도록 노력해야 하는 것은 당연합니다. 하지만 회사에서 중추적인 위치를 차지하는 70년대생들은 격동의 민주화운동이나 역동의 산업화 현장을 직접 겪은 것은 아니지만, IMF와 세계경제 위기 등을 직격타로 맞았기 때문에 할 말이 많습니다.

　문제는 90년대생들이 이해는커녕 덮어놓고 비난만 하는 것은 아닌가 하는 섭섭함에 있습니다. 70년대생들은 딱 끼인 세대 같습니다. 세상을 완전히 뒤바꾸고 있는 변화가 더욱 빠르게 진행되는 오늘날이기에 시나브로 변화가 두려워집니다. 사실 이러한 마음 자체가 꼰대로 가는 지름길인지도 모르겠습니다. 가정도 있고, 연세가 많이 드신 부모님도 계십니다. 회사 내에 서는 이전 세대인 직장 상사들, 즉 임원들에게 잘 보여야 승진 도 하고 탄탄대로의 길에 들어설 수 있습니다.

그렇지만 90년대생들은 과장 이상, 부장님들의 회사 내 모습이 이해가 되지 않습니다. 이해하려고 노력을 해야 하는데 아예 이해하기조차 싫어합니다. 나와는 확실히 다른 세상을 살아가는 사람이라고 여기는 것만 같습니다. 세대 간의 단절과 거리 감은 직장 내에서도 일상화가 되고 있습니다.

아침부터 강의가 있다며 30분 일찍 출근하라는 공지가 있었다. 공허한 이불킥을 더 일찍 하려니 절로 짜증이 밀려왔지만, 어쩌겠는가, 출근해야 하는 것을. 그 강의가 바로 이런 주제의 강의였다. 강사분은 70년대생과 90년대생의 밸런스를 열정적으로 강조하며 회사의 앞날을 위해 서로가 서로를 위하고 이해하고 존중해야 한다며, 도덕 교과서와 같은 비현실적인 솔루션을 내놓았다.

내가 정말 차장님을 이해할 수 있을까? 직원들 사이에 꼰대 넘버 3 안에 드는 분이라고 뒷담화가 자자한데 말이다. 이러한 강의를 들었기 때문일까. 차장님이 갑자기 착한 모드로 나를 대하기 시작했다. "입사한 지 얼마 되지 않았는데도 일이 많아서 많이 힘들지? 무슨 일 있으면 언제든 주저 없이 이야기해요." 이 말인즉슨, '알아서 잘하라'는 뜻일 것이다.

나는 '알아서 잘하라'는 저 말이 참으로 무섭다. 뭐가 뭔지 아직 잘 모르겠는데 알아서 하라니, 도대체 뭘 알아서 해야 한다는 것인가? 1년쯤 다니고 나면 뭐 좀 알려나 싶은데 지금 당장 알아서 잘하라니. 병아리 같은 나에게. 취업에만 몰두하느라 정작 이 회사에 대해서조차 제대로 알 수 없었는데 말이다.

그리고 보면 취업박람회 때 한번 상담이라도 해볼 걸 싶었다. 그런데 내가 이 회사에 들어올 거라 생각이나 했겠나. 들어올 줄 알았으면 여기만 죽어라 팠겠지. 인생은 정말 아무도 모를 일이다. 그런 우연성이 있기에 더 살 만하다고 누군가는 이야기하지만, 왜 내 인생은 언제나 이렇게 우울하기만 하고 괴롭기만 한 것인가 싶다. 그럴 때마다 나보다 더 힘든 사람들을 생각해야 한다고 어머니께서 늘 두 번 세 번 이야기하시지만, 내가 힘드니 남을 돌아볼 여유가 없는 것도 사실이었다.

뜬금없이 같이 입사한 건너 팀 신입사원이 카톡을 보냈다.

'아침에 강의 왜 듣는지 모르겠어요. 그거 너무나 뻔한 말인데 말이죠. 그런 이야기 백 번 천 번 듣는다고 해서 우리가 임

원들과 편해질 수 있을까요?'

딱히 뭐라고 답변하지는 않았다. 그냥 '그러게요' 정도로 쓰고 말았다. 그렇다고 해서 그 친구가 기분 나빠하거나 다음 답변을 기다리느라 애가 타진 않을 것이다. 우리는 다들 그렇게 대화한다. 직접적으로 얼굴 맞대고 말하는 것이 불편하다. 딱히 할 말이 없는데 뭐라도 이야기하라고 회의 때마다 차장님이 핀잔을 주면 참 괴롭다. 늘 본인이 주절주절 다 이야기해놓고, 갑자기 브레인스토밍이라며 신입부터 말해보란다.

앞에서도 이야기했지만, 뭐가 뭔지 아직 제대로 파악도 안 되는데 뭘 이야기하라는 건지. 말한다고 해서 그 업무를 맡길 것도 아니면서 말이다. 사실 생각해보면 이게 가장 문제인 듯싶다. 수평적인 업무 구조를 회사는 늘 강조하지만, 실상은 언제나 명령하달식이다. 위에서 아래로 물 흐르듯 자연스럽게 내려오는 구조. 그러니 밑에서는 펌프를 이용해서 억지로 물을 역류시켜야 하는데 그 양이 콸콸콸 흘러내려오는 물의 양에 비할 수 있을까? 불가능하다. 그러면서 늘 의견을 내라고 하는 것이다.

잔잔한 호수나 넓은 바다 정도 되어야 섞이지 않겠는가. 물과 기름은 섞일 수가 없다. 그런데 늘 물과 기름 같은 일장연설만 늘어놓으니 문제가 아닐 수 없다. 90년대생은 오는 것이 아니다. 그냥 늘 그 자리에 있다. 억지로 이해하려 할 필요도 없다. 90년대생이 70년대생을 굳이 이해하려고 하지 않는 것처럼 말이다. 그냥 자연스럽게 그들과 부딪힐 상황이 생기면 이야기를 잘 들어주면 된다. 그리고 그들이 이야기를 할 수 있게 분위기를 만들어주면 된다.

위에서 아래로 흐르는 물이 아니라 같이 둥둥둥 떠 있는 물처럼 섞이면 되지 않을까? 그래서 권위의식을 내려놓고, 기득권을 포기하라는 말이 있는 것 아닐까? 인생 선배라는 말도 굳이 안 했으면 좋겠다. 나랑 다른 인생을 살았는데 왜 인생 선배란 말인가. 내 인생에 대해서 얼마나 잘 안다고.

아, 꼰대 같은 아재, 아재 같은 꼰대, 뭔가 차이점을 찾아보려는데 잘 모르겠다. 우리 차장님도 나한테 친한 척 안 했으면 좋겠다. 친하고 싶지 않은데. 차라리 뭔가 쿨한 모습을 보이고 나서 내가 친해지고 싶다는 마음이 들게 하는 게 낫지 않을까? 인간관계를 형성하는 데는 시간이 필요하다는 것을 왜 모를까?

아, 정말 90년대생과 70년대생은 절대 섞일 수 없는 물과 기름 같은 존재란 말인가. 혹시라도 그 사이에 있는 얇은 막은 섞여 있지 않을까? 섞여 있다면 분명 그 자리를 차지하고 있는 분들이 계시겠지. 그런 분 밑에서 일을 배우고, 회사를 다닌다면 행복할까?

> 모든 사람은 그 사람의 이해 정도와 인식의 한계 내에서만
> 세상을 바라볼 뿐이다.
>
> - 아르투르 쇼펜하우어(Arthur Schopenhauer)

인간의 본질은 사유나 이성에 있는 것이 아니다. 바로 의지에 있다. 염세주의자로 널리 알려진 쇼펜하우어의 주장이다. 우리가 품는 모든 소망, 욕구, 동경, 희망, 사랑, 미움, 괴로움, 반항, 도피, 사고, 표상, 인식 등은 삶 속에서 경험하는 체험이자 의지라는 것이다.

더불어 인간의 의지는 무한한데 그것을 충족하는 데는 많은 제약이 따르게 마련이다. 하나의 욕망이 채워지면 즉시 새로운 욕망이 일어나고, 반대로 고통의 경우도 마찬가지다. 벗어났다 싶으면 새로운 어려움이 찾아온다. 그러다 보니 염세주의자인 쇼펜하우어는 '인생은 고통이요, 이 세계는 최악'이라고 말했다.

사람이 사람을 이해하고 받아들이는 감정 또한 여기서 벗어나지 않는다. 정말 우리는 우리가 경험한, 바로 그 한계 내에서 세상을 바라보는 것이 맞다. 특히나 인생을 더 살았으니 지혜로

울 것이라는 오판 아래 자연의 섭리대로 고개를 숙이지 않고 오
히려 뻣뻣하게 들려고 했을 때 더 큰 문제에 직면할 수밖에 없다.
나이와 지혜가 정비례 관계가 아니라, 나이와 편협함이 정비례한
다는 사실을 현실적으로 받아들여야 하는 오늘날의 모습이 안
타깝기만 하다.

  이해를 하려면 잘 들어야 할 텐데 왜 가면 갈수록 두 개이
자 열려 있는 귀는 닫으려 하고, 하나이자 의지대로 열 수 있는
입만 가만두지 않는지 모르겠다.

일곱 번째 말

세련된 아재는 Yes,
불통 꼰대는 No

"이 과장. 일 이렇게 할 거야? 내가 오늘 아침까지 해둬야 한다고 얘기했어, 안 했어? 왜 업무를 이 따위로 하는 거야? 30분 내로 못 끝내면 사표 써." '또 시작이다, 또 시작이야.' 아침부터 박차장은 난리법석이다. 과장님에게 지시해둔 일이 어제 퇴근 무렵이었는데 다 하지 못했다고 아침부터 이 소란을 피우고 있는 것이다. 정말 쥐 잡듯 사람을 후려잡는데 어찌나 목소리가 쩌렁쩌렁 울려대는지 옆 팀에서 사람들이 지나가는 척하면서 힐끗힐끗 계속 쳐다본다. 몇 명이 지나갔는지 모르겠다. 사장님까지 내려올 기세다.

　'일부러 사장실까지 들리라고 소리치는 거야 뭐야. 퇴근할 때 일 줘놓고 아침까지 안 했다고 저렇게 난리 피우는 게 말이나 돼? 저러니 회사에서 꼰대 '넘버 3'에 들지. 사람이 아니라니

까 정말.' 직장뿐만 아니라 사회에는 분명 '또라이 보존의 법칙'
이 존재한다. 어딜 가나 꼭 한 명 이상의 또라이가 존재한다는
사회성 짙은 법칙이다. 당신 회사에는 없는 거 같다고? 그렇다
면 분명하다. 당신이 또라이로 통하고 있을지 모른다. 스스로를
잘 챙겨볼 필요가 있다.

　우리 팀에서는 박 차장이 바로 그 역할을 톡톡히 해내고 있
다. 평소 말이 별로 없는 이 과장은 표정마저 무심해 보인다. '뭐
지? 저 느긋해 보이는 표정은. 이렇게 난리를 피울 거라는 걸 알
고 있었다는 건가. 아니면 될 대로 되라지 하는 표정인가. 정말
알기 힘든 표정이다.' 얼마나 오랫동안 저 밑에서 저런 고충을
온몸으로 받아내왔을까 싶어서 측은한 마음이 든다. 분명 집에
서는 사랑받는 남편이자, 존경받는 아버지로, 누군가의 든든한
아들로 살아왔을 터인데 여기서는 왜 이런 대접을 받고 있는지
안타깝기 그지없다.

　하지만 인간은 정말로 현실적이다. 그 상황에서 누구도 박
차장의 억지논리를 반박하고 나서지 못한다. "이게 말이 되냐고
요. 전날 퇴근 시간에 줘놓고, 아침까지 해놓으라니 말이 되냐
고요." 누구도 이렇게 사이다 발언을 내놓지 못한다.

　그런데 갑자기 이 과장이 자리에서 일어나더니 밖으로 나
가버렸다. 처절해 보이는 뒷모습에 대고 박 차장은 여전히 '쇼

미더머니급' 랩 속사포를 쏘아댄다. 왜 그러는 것일까 도대체
가. 회사란 정말 이런 곳일까. 말도 안 되는 비상식이 너무나도
만연해 있는 곳일까. 직급이 올라갈수록 아랫사람을 젠틀하게
감싸고, 여유와 노블레스 오블리주가 저절로 장착될 순 없는 것
일까.

박 차장 본인도 사회 초년병 시절, 저렇게 배우고 성장해
왔던 것은 아닐까 하는 생각마저 들었다. "난 아버지처럼 살기
싫어요"라고 외치던 아들이 훗날 우연히 거울을 바라보다가 아
버지와 너무나 닮은 모습을 보면서 깜짝 놀랐다는 그런 상황의
데자뷔란 말인가. 5분이 지났다. 10분도 지났다. 과장님이 오지
않는다. 대리님이 부랴부랴 일 뒤처리를 하고는 있지만 왠지
걱정이 되었다.

박 차장이 갑자기 어디론가 사라졌다. 한 시간 정도 후 다
시 자신의 자리로 돌아와 털썩 주저앉듯이 앉았다. 아침부터 사
무실 전체를 울리게 한 목소리는 사라져버렸다. 다음 날 과장님
은 출근을 하지 않았다. 누구보다 빨리 출근해 직원들 오는 순
서를 체크하던 분인데. 그런 과장님이 출근하지 않았다. '무슨
일일까.'

소문은 정말 빠르게 돌았다. 과장님은 어제 아침 그 일이
있고서 바로 사장실로 갔다고 한다. 비서실에서 막았지만, 눈빛

을 보고서 비켜줄 수밖에 없었다고 한다. 약 10여 분의 단독 면담. 이후는 소문에 소문이 눈덩이처럼 불어나 난리법석이었다. 어제는 넘쳐나는 소리로 회사가 난리였는데, 오늘은 침묵으로 난리가 났다.

며칠 후 과장님이 돌아왔다. 아무도 묻지 않았다. 무슨 일이 있었는지 왜 그랬는지. 박 차장도 돌아왔다. 그런데 여기로 오지 않았다. 다른 부서로 갔다는 말만 들었다. 그리고 보니 박 차장 책상이 깨끗하게 치워져 있었다. '언제, 누가 치운 거지? 왜 며칠째 몰랐지?' 궁금증은 커져만 갔다. 며칠 동안 회사는 거대한 침묵 속에서 고요한 소음을 뿜어내고 있었다. 나 역시 궁금한 것이 많았다.

그런데 어느 순간 소문이 잠잠해졌다. 회사엔 일사천리로 진행되어야 할 일들이 늘 넘쳐나기 때문이다. 자신에게 닥쳤을지도 모를 일이지만 여하튼 자신은 분명 비켜갔고, 그렇기에 모두들 일상의 영역으로 돌아와버린 것이다. 그러고는 언제 그랬냐는 듯 하루가 흘러가고 있었다. 빈자리만 덩그러니 남은 채 계속 채워지지 않고 있었다. 그렇다고 해서 누구 하나 일을 잘 못하는 것은 아니었다.

한 치의 오차도 없이 정확하게 돌아가는 시곗바늘처럼, 그리고 그 뒷면에서 칼같이 움직이는 톱니바퀴들처럼 착착착 움

직여가고 있었다. 그리고 보니 시곗바늘은 멈춘 적이 없다. 톱
니바퀴 중 한 면이 부서진 적도 없다. 언제 그랬냐는 듯 시계는
계속 움직이고 있었다. 꼰대 중의 꼰대, 박 차장의 자리는 그렇
게 계속 비어 있었다.

괴물과 싸우는 사람은 그 싸움 속에서
스스로도 괴물이 되지 않도록 조심해야 한다.
우리가 괴물의 심연을 오래 들여다보면,
심연 또한 우리를 들여다보게 될 것이다.

- 프리드리히 니체(Friedrich Nietzsche)

철학자들 중에서 니체만큼 우리에게 인기 있는 철학자를
만나는 것도 쉽지 않을 것이다. 누가 철학책을 사겠어, 라고 생
각하겠지만 프리드리히 니체의 책은 수많은 작가들에 의해 현대
적인 가르침을 덧붙여 편역되어왔다. 그만큼 니체의 사상은 평범
한 다수가 품고 살아가는 데 도움이 되는 이야기를 담고 있다고
할 수 있다. 현실은 참혹하고 인간은 한계에 도달할 수밖에 없
다는 점을 인정하면서도 각자의 삶을 주체적으로 이끌어나가야
한다고 주장하는 그의 철학은 현대인들에게도 많은 공감을 사
고 있다.

반면 그의 정치철학은 무수히 많은 해석을 가능하게 하기
때문에 이해하는 데 큰 어려움을 겪을 수밖에 없다. 이러한 해석

의 다양함 때문에 20세기 파시즘과 나치즘을 추종하던 사람들의 왜곡과 과장이 덧씌워져 그들의 선전에 악용되기도 했다. 더불어 민주주의 사회에서는 귀족적 망상이나 독재적 권력을 대변하는 철학자로 언급되기도 하는 등 다양한 해석이 수많은 오해를 낳는 결과를 만들었다.

하지만 니체는 소박하지만 창조적인 힘이 드러나는 철학을 대중에게 설파하고자 했다. 그렇기에 외부 권력 또는 자기 분열에 굴복하여 그에 따라 타락하지 말고 스스로를 계속 들여다보고 깨우쳐 달라지고 발전하는 나를 찾아야 한다고 말한다. 스스로 괴물이 되지 말아야 한다는 이야기는 오늘날을 살아가는 데도 커다란 도움이 될 수 있는 표현이라 하겠다.

부정적인 모습을 보아왔다고 해서 그와 똑같이 닮아가는 것이 아니라 짙게 드리워진 그림자에서 벗어나 햇볕 아래에서 가치 있는 나를 발견해야 하지 않을까. 니체의 철학이 오랫동안 사랑받는 데는 다 이유가 있다.

여덟 번째 말

사무실에서
워라밸을 강요하지 마세요

삶을 산다는 것이 순리대로 이루어진다면 더없이 좋으련만 자본주의 사회에서 '순리대로'라는 말은 참으로 뜬구름 잡는 표현처럼 들린다. 더더욱 빠른 시간 안에 최대한의 성과를 내야 하는 오늘날 순리대로라는 말은 어쩌면 저 멀리 안드로메다에서나 가능하려나 싶다.

갑작스레 어느 날부터 워라밸이란 말이 사무실에 돌기 시작했다. 300인 이상 대기업의 주 52시간 근무가 법으로 정해지더니 뉴스마다 회사마다 워라밸이 화두다(300인 이상 근로자가 근무하면 대기업이라는 것도 뉴스를 통해 최근에야 알았다). 'work and life balance'의 머리글자를 따서 그렇게 부른다고 하는데 이게 쉬운 일일까 싶다. 300인 이상 대기업이 아닌 우리 회사는 워라밸과 여전히 거리가 먼 것일까? 그래도 다른 회사에서 한다고 하니 은근히 정시 출근, 정시 퇴근이 하고 싶어진다. 눈치 보지 않고 마음 편하게. 물론 여전히 정시 출근을 하느라 팀 내에서 눈치를 보고 있지만 말이다.

우리 회사도 이러한 움직임에 동참하려는지 사내 공지가 뜨기 시작했다. '여러분의 정시 퇴근을 지지합니다. 근무 시간은 알차게, 퇴근 시간은 기쁘게.' 이런 포스터까지 사무실 곳곳에 붙었다. 아, 이거 현실적으로 가능해야 할 텐데 말이다.

박 차장의 자리는 여전히 비어 있다. 그래서인지 옆 팀 팀장이 자꾸 우리 쪽을 넘나들기 시작했다. "여러분, 워라밸 포스터 봤죠? 근무 시간에 바짝 일하고 퇴근은 정확하게 합시다. 업무의 효율성을 높이자고요." 구렁이 담 넘어가듯 스을쩍 왔다가 이 말만 던져놓고 스을쩍 사라진다. '그쪽 팀원들이나 일찍 보내주세요. 맨날 말로만 그러지 마시고. 본인이 제일 늦게 퇴근하시니 팀원들이 눈치가 보여서 워라밸은커녕 노라밸 하게 생겼으니까요.' 이상하게 회사에만 오면 부정적인 생각이 무의식적으로 맴도는지 모르겠다. '이러면 안 되는데. 나한테도 안 좋은 건데.'

우리 부서 이 과장은 여전히 자신의 업무만 묵묵히 하고 있다. 평소 워낙 말이 없는데 그 사건 이후로 아침 조회 겸 진행사항 체크하고 업무 관련 문의가 있을 때만 말을 하지 아예 말이 없다. 점심도 같이 먹지 않다 보니 어쩐지 파견 나와 있는 분들 같아서 마음이 무겁지만 한편으로 생각하면 편하기도 하다. 아무도 나에게 뭐라고 하지 않으니 말이다. 그래도 바로 위 1년 선배가 늘 나의 일을 확인하고 있으니 놀고 있는 것은 아니다. 선배의 업무가 하나 더 늘어 괜히 나한테 심술을 부릴 뿐.

분위기가 무거워져 마음은 편치 않지만 퇴근 시간에 대한 자율성이 조금이나마 보장되어서일까, 팀 내부에서 워라밸을 시행하려는 듯 하나둘 정시 퇴근 후 상황에 대해 점심식사 중에 보따리 풀 듯 꺼내놓기 시작한다. 나야 선배들 숟가락 챙기랴, 젓가락 놓으랴, 물 따르랴, 음식 주문하랴 정신이 없어서 워라밸은 입 밖에 꺼내지도 못했지만 말이다.

"나, 이번에 동남아 여행 다녀와야겠어요. 그동안 프로젝트에 프로젝트만 쌓이고 넘쳐서 번아웃 되어버렸으니 여행 정도는 갔다와줘야 나 스스로에게 미안하지 않을 거 같아요. 재충전이란 게 이럴 때 필요한 게 아니겠어요."

"전, 발레 수업 신청했어요. 정시 퇴근까지는 아직 마음이 편치 않아 바로 못하니 조금 더 일하다가 퇴근하는데요. 8시 클래스 정도도 괜찮더라고요. 의자에만 앉아서 일하다 보니 허리가 자주 아팠거든요. 발레가 자세 교정에 그렇게 좋대요. 동작들 때문에 뭔가 자존감도 생기는 거 같아요. 당당해 보이잖아요."

"그동안 못 봤던 미드나 몰아서 챙겨봐야겠어요. 늘 주말에 출근하지 않는 날에만 겨우겨우 챙겨봤는데 이제는 평일에도 챙겨볼 여유가 생겨서 기분이 좋더라고요. 그런데 우리 신입은 워라밸 어떻게 생각해요?"

음식 주문하다 말고 이 질문을 받았는데 다들 나도 듣고 있다고 생각했나 보다. 이렇게나 나에게 관심이 없다니. 아니다. 차라리 관심 없는 게 낫지. 관심 가졌다간 더 피곤해질 테니까.

"글쎄요. 아직 신입이라 워라밸까지는 잘 모르겠습니다. 차차 퇴근 후 하고 싶은 게 생기겠죠. 여전히 일찍 퇴근하는 게 쉽지 않아서요."

사실 워라밸이고 뭐고 우선 내가 하고 있는 일이나 빨리 익숙해졌으면 좋겠다. 여전히 어리바리 신입 취급 받는 것은 싫기 때문이다. 그래서인지 워라밸 이야기가 나올 때마다 약간 부담스럽기도 하다. 업무 숙달이 필요한 나에게 다짜고짜 워라밸부터 꺼내다니 말이다. '나도 준비가 되면 알아서 할 거라고요. 뭘 그리 궁금하지도 않으면서 물어보세요. 너, 나, 잘, 하, 세, 요.' 이렇게 말하고 싶지만 겨우 참으며 음식 주문을 끝냈다.

더불어 워라밸이 이슈가 될 것이 아니라, 너무나도 당연한 것 아닌가 싶은 생각도 든다. 어찌 보면 당연한 것을 다들 이제야 반강제로라도 실천할 수 있게 되었으니 낯설다고 생각하는 것이 아닌가 싶다.

여하튼, 하여튼 워라밸 이야기를 꺼내기 전에 이런 거나 좀 안 시키면 좋겠다. 나도 마음 편하게 점심 좀 먹었으면 좋겠다. 그러고 보면 인간은 참으로 이기적인 동물인가 보다. 더없이 권력적인 동물이기도 하다. 내가 이렇게 하고 있는데 그 누구도 단 한 번도 "제 것은 제가 할게요. 신경 쓰지 마세요"라고 이야기해준 적이 없다. 그러면서 무슨 워라밸이람.

그래도 이제는 퇴근도 못하고 저녁식사 때 이렇게 준비하지 않아도 되니 나도 일부 워라밸을 찾은 것 같기는 하다. 생각해보면 그동안 참 쓸데없이 열심이었다. 이렇게 식사 준비하느라.

휴식은 게으름도 멈춤도 아니다.
휴식을 모르는 사람은 브레이크 없는 자동차 같아서
위험하기 짝이 없다.

- 헨리 포드(Henry Ford)

오늘날 1일 8시간 노동을 이야기할 때 미국의 자동차왕이
자 포드의 창립자인 헨리 포드 이야기를 꺼내지 않을 수 없다.
근대적인 대량 생산 방식을 통해 자동차를 대중화하고 자동차
시대를 개척한 그는 농부의 아들로 태어났다. 어릴 적부터 기계
를 좋아해 학업을 중단하고 15세부터 자동차 제작에 몰두했다.
1899년까지 에디슨회사에서 기술책임자로 근무하기도 했던 그
는 1903년 자본금 10만 달러로 포드자동차회사를 설립했다.

이후 조립 라인 방식에 의한 양산체제인 포드시스템을 출범
시켰으며, 1914년 동종업계의 2배에 달하는 최저임금 하루 5달
러, 1일 8시간 근무라는 획기적인 노동 정책을 도입하기도 했다.
덕분에 제품 가격이 낮아져 판매는 늘어났고, 생산효율은 높아
져 생산량을 늘릴 수 있었다. 더불어 시간적인, 그리고 금전적인

여유를 갖게 된 직원들이 포드 자동차를 구입하기 시작했다. "5퍼센트가 아니라 95퍼센트를 위한 물건을 만들어야 한다"고 입버릇처럼 말한 포드의 생각은 착착 맞아떨어졌다. 마이카의 시대가 펼쳐졌음은 두 말할 필요도 없다.

훗날 그의 경영 방식은 시대를 거듭하면서 비난을 받기도 했지만, 당시에는 상당히 혁신적이었으며 휴머니즘적이기도 했다. 휴식이 필요함을 역설한 그의 발언 역시 같은 맥락에서 이해 가능하다. 1920년대 미국의 유머작가이자 배우였던 윌 로저스는 헨리 포드를 두고 이런 말을 하기도 했다. "그가 우리에게 도움을 주었는지, 괴로움을 주었는지를 알려면 100년은 필요할 것이다. 하지만 이것만은 분명하다. 그로 인해 우리는 완전히 다른 삶을 살게 되었다."

아홉 번째 말

박카스라도 건네면
다행이지

퇴근 시간이 시시각각 다가온다. 일은 많은데 끝날 기미는 보이지 않고 옆자리가 비어서 신입 직원이나 채용해주었으면 하는데, 6시가 되니 갑자기 팀장님이 자양강장제를 꺼내고서 미안함을 표시하며 마시고 일하라고 팀원들을 격려한다.

　내 사무실의 모습이 아니다. 박카스 CF 속 모습이다. 주 52시간을 은유적으로 표현함과 동시에 야근으로 힘들어하는 직장인의 애환을 그렸다. 더불어 직원을 계속 채용하지 못하는 회사의 어려움을 나타내기도 했다. 한편으로 보면 쏩쓸하기도 하지만, 다른 한편으로는 위트 있게 잘 만들었다는 생각도 든다.

　CF 속 팀장님은 미안한 마음에 박카스라도 건네는데 현실은 그렇지 않다. '아, 결국 TV 속 세상은 더없이 격한 비현실 판타지였단 말인가.' 6시가 지났는데 다들 딱히 집에 가려고 하지 않는다. 회사에서는 사무실 전체 불을 끄니 마니 하면서 협박하는 듯한 메시지로 직원들을 문 밖으로 내보내려고 하지만 그게 어디 쉬운 일인가.

매년 초 각 팀은 1년치 매출 목표를 설정한다. 연말이 다가오면서 초과 달성한 팀이야 당연한 '칼퇴의 사치'를 마음껏 누리겠지만 차장님의 자리가 여전히 덩그러니 비어 있어서 뒤숭숭한 우리 팀에 그런 여유는 진정한 사치일 뿐이다. 사치도 최고급 명품 사치. 과장님은 워낙에 말이 없는 성격이라 좋게 말하면 팀원들을 자유롭게 해주는 것이고 나쁘게 말하면 별 관심이 없는 것 같다. 사실 본인이 윗사람에게 들들 볶이다 보니 자연스럽게 팀원들이 알아서 해주길 바라는 것은 아닐까 싶기는 한데 딱히 그런 것 같지도 않고. 여하튼 잘 모르겠다. 본래 포커페이스에 능한 분인 듯싶으니까.

CF처럼 자양강장제라도 하나 건네주시면 힘을 좀 내볼까 했는데 그런 건 정말 언감생심. 내 일이나 열심히 하자는 마음을 다시금 먹고서 자리에 앉는다. 내 자리 전등도 소등되었다. 곧이어 뭔가 하늘의 별들이 순식간에 반짝거리듯, 아니면 가로등이 열 맞춰 점등하듯 하나둘씩 켜지기 시작한다. 슬쩍 고개를 들어 다른 팀을 둘러보니 역시나 불빛이 햇볕 못지않게 새어나오는 팀이 있는가 하면, 어둠의 그림자가 짙게 깔린 팀도 있다.

공포영화에서는 어둠이 짙게 깔리면 비명을 지를 만한 무서운 사건들이 터져 나오던데 우리 층에서는 부러움의 탄성이 터져 나온다. '아, 좋겠다. 부러워.'

이쯤 되면 왜 야근을 하게 되는지에 대해 생각해보게 된다. 내가 왜 야근을 해야 한단 말인가. 첫째, 난 오늘 더 할 일이 없는데 과장님이 퇴근을 안 하고 있다. 둘째, 과장님이 퇴근을 안 하니 대리님도 안 하고 있다. 셋째, 대리님도 안 하니 바로 위 선배도 안 하고 있다. 넷째, 선배도 안 하고 있는데 건너 팀도 안 하고 있다. 다섯째, 그냥 다들 안 하고 있으니 다수결의 원칙에 따라 나도 안 하고 있다.

이러한 결론만 나올 뿐이다. 뫼비우스의 띠를 빙글빙글 돌고 있는 것처럼 늘 반복되는 모습이다. 나에게 아직 큰 일이 주어지지 않았으니 크게 할 일이 없으면 퇴근하는 것이 맞을 텐데 왜 위에서 안 한다고 나도 못하고 있는 것인지 알 수 없다는 생각이 들다가도 이내 빠르게 포기하는 사람이 이기는 사람이라는 생각도 들고 여하튼 그렇다. 유독 퇴근 시간만 되면 머릿속이 복잡해지고 안개가 낀 듯 흐리멍덩해진다.

야근을 하지 말아야 하는 이유를 옛날 분들도 다 알고 계셨는데 왜 오늘날에는 이리도 모른단 말인가. 먼저 이순신 장군이 말씀하셨다. "나의 퇴근을 아무에게도 알리지 말라." 갈릴레오

도 말씀하셨다. "그래도 야근은 싫다." 나폴레옹은 이렇게 외쳤
다. "내 사전에 야근이란 없다." 맥아더 장군의 말씀도 새겨들을
만하다. "나는 퇴근하지 않는다. 다만 사라질 뿐이다." 백범 김
구 선생님은 절실한 마음가짐으로 이렇게 말씀하셨다. "나의 첫
번째 소원은 퇴근이요, 두 번째 세 번째 소원도 퇴근이다."

　할 일이 별로 없어서 괜히 인터넷 검색을 하다 보니 이런
씁쓸한 명언 패러디 유머만 눈에 들어온다. 그런데 갑자기 과장
님이 내 뒤에서 등을 톡톡 두드리신다. '으악, 깜짝이야. 혹시 내
가 인터넷 검색이나 한다고 뭐라고 하시려는 것은 아닐까?' 심
장이 쫄깃쫄깃 두근반, 세근반 중인데 잠깐 휴게실로 오라고 하
신다. '아, 어쩌지. 큰일 났네.'

　"자네 오늘은 일 없으면 퇴근해. 내가 먼저 말해서 보냈어
야 하는데 미안해. 내가 할 일이 많다 보니 신경을 못 썼네."

　"아닙니다. 다들 가실 때 맞춰 나갈까 싶…었…습…니…다."

　"입사한 지 몇 달 됐더라. 이제 팀 내 프로젝트를 함께할 정
도는 되겠다 싶어. 내일부터는 내가 프로젝트 관련해서 기본적
인 사항들이라도 좀 챙길 테니까 오늘은 일찍 들어가. 7시가 다
되어가니 일찍도 아니지만, 여하튼 어서 들어가서 쉬어."

　"네… 알겠습니다."

　휴게실로 따로 부르셔서 걱정했는데 별일이 아니라 안도의

한숨을 푸욱 내쉬었다. 그런데 내일부터 본격적으로 팀 업무에 함께하자고 하시니 괜히 긴장되기도 하고, 어쩐지 자신감이 생기기도 하고 그렇다. 그리고 이 회사 들어와서 과장님이 나에게 직접 말을 건 것이 처음이라 그런지 뭔가 시작도 전에 인정받은 느낌이 들기도 한다.

드디어, 내일은 새로운 해가 뜰 것이고, 그 해가 나에게만 비출 것만 같다. 어떠한 상황이냐에 따라 이렇게 나의 마음이 간사하다니. 쭈뼛쭈뼛 휴게실에서 나와 날아갈 듯한 발걸음으로 자리에 돌아왔다. 간단하게 짐을 싸고 과장님, 대리님, 선배에게 인사하고 퇴근을 했다. 선배의 날카로우면서도 부러운 눈빛이 뒤통수를 따갑게 때리고 있었지만 과장님이 퇴근해도 좋다고 했는데 무슨 상관이랴.

그런데 내일부터 나는 어떤 일을 시작하게 될까. 궁금하기도 하고, 걱정되기도 하고, 한편으로는 설레기도 하고. 온갖 감정이 뒤섞이고 엉켜 있지만 우선은 퇴근에만 집중하자. 이것에만 집중하기에도 남은 시간이 벅차오른다. 얼른 가서 미드나 열심히 챙겨봐야지. 새로운 업무를 맡기 시작하면 많이 바빠지지 않을까 싶다. 그 전에 주어진 짧은 행복을 마음껏 누려야지. 내일의 태양은 내일 떠오를 테니 오늘 굳이 걱정하지 말지어다. 그런데 이 말, 누가 했던 거 같은데 누가 했더라. 내가 했던가.

그 어느 때보다 회사 정문을 나서는 발걸음이 날아갈 것만 같
다. 내일 무슨 일이 생길지도 모르면서.

보다 높은 이상이 없었더라면
인류는 쉬지 않고 일하는 개미떼와
무슨 차이가 있을 것인가.

- 게오르크 헤겔(Georg Hegel)

독일 남서부 지역에 위치했던 뷔르템베르크 공국의 수도 슈투트가르트에서 태어난 헤겔은 혼란의 시대 한가운데 놓여 있었다. 태어난 해에 '질풍노도 운동'이, 학생 시절에는 '미국 독립선언'과 '프랑스대혁명'이 일어났으며, 장년기에는 나폴레옹이 전쟁을 통해 유럽을 쥐락펴락하고 있었다. 말년에는 '프랑스 7월 혁명'이 발발하여 자유와 보수의 혼란이 끝나지 않을 듯 이어졌다. 그런 대혼란의 시기에서 헤겔은 오히려 시대의 본질을 고민하고 발견했던 것은 아닌가 싶다.

헤겔은 어린 시절부터 일기를 써서 자신의 하루를 꼼꼼하게 정리했으며, 읽은 책은 색인표를 만들어 다시 쉽게 찾을 수 있도록 분류해놓았다. 자료를 정리하고 본질을 찾아 고민하고 헤매는 그의 삶 및 연구 방식을 통해 철학자의 자질을 충분히 엿볼 수 있다.

그는 신학교를 졸업했지만 목사가 되지 않고 철학을 가르치고 싶었다. 하지만 칸트가 9년 넘게 가정교사 생활을 하며 어려운 시기를 보냈던 것처럼 그 역시 약 7년간 프랑크푸르트와 스위스를 돌며 가정교사 생활을 했고, 소위 말하는 혹독한 겨울을 보낼 수밖에 없었다.

힘든 시기를 견디고 이겨낸 이 철학자는 현실로 나타난 무질서를 비판하며 언제나 사건이나 사태의 본질을 파악하려고 노력했다. 앞서 적어둔 그의 명언 역시 이러한 본질을 디테일하게 들여다보았을 때 나올 수 있는 말이 아니었을까?

헤겔이라 하면 변증법을 빼놓을 수가 없다. 정(긍정)-반(부정)-합(부정의 부정)의 형식은 진리가 고정되어 있는 것이 아니라 시간에 따라 발전한다는 점을 보여준다. 더욱 더 본질에 접근하려는 그의 열정과 시도를 엿볼 수 있는 대목이다. 그는 훗날 프로이센의 국가 철학자이자 최고의 학자로 대접받는다.

그는 생전에 "철학자로 태어나다니, 신의 저주를 받은 거야"라는 농담을 자주 했다고 한다. 현대 철학에 막대한 영향을 끼친 그는 혼란한 시대의 가운데에서 시대와 삶의 본질을 찾고자 애쓴 축복받은 학자이지만 동시에 후대 철학자들은 그의 난해한 문체와 방대한 저작들과 오늘도 힘들게 씨름해야 하기에 저주받았다고 할 수 있겠다. 그만큼 그는 묘하고도 매력적인 철학자임에 분명하다.

헤겔의 어린 시절을 살펴보았을 때 준비된 자만이 성공을 누릴 자격이 있다는 생각이 들지 않는 사람이 있을까. 하루를 꼼꼼하게 정리하고, 읽은 책은 세밀하게 분류하고, 늘 고민하고 방법을 찾아 헤매는 모습은 누구에게라도 필수불가결하다.

현대인들은 방대한 정보에 노출되어 있지만 이를 효과적으로 이용하지 못한다. 너무 많은 정보에 둘러싸여 있다 보니 나에게 필요한 것이 무엇인지 객관적으로 걸러내지 못하는 것이다. 하지만 이를 제대로 걸러내어 잘 트레이닝되어 있기만 해도 나에게 기회가 찾아왔을 때 머뭇거리지 않고 단숨에 거머쥘 수 있을 것이다.

경력을 탄탄하게 쌓아올린 이들은 늘 배움을 멀리하지 않았고 준비가 되어 있었으며 기회를 결코 놓치지 않았다. 철학자 헤겔이라고 해서 크게 다르지 않았을 것이다. 그의 어린 시절을 다시 한 번 되새겨본다면 충분히 이해 가능할 것이다.

열 번째 말

말 못할 김 부장의
미생일기

차장님의 자리는 여전히 비어 있다. 다른 부서에 계시니 딱히
부딪힐 일은 없지만 오다가다 만나는 사람들이 있을 것이다. 그
러다 보니 이런저런 이야기를 수집하듯 가져오는 이들이 있다.

  "박 차장님, 얼굴이 반쪽이 되었더군. 딱히 부하직원도 없
고, 뭔가 해야 하는데 뭘 해야 할지 모르시는 분위기인가 봐."

  "그러게요. 그런데 조심은 하셨어야 해요. 부하직원을 가
르치는 것과 윽박지르는 것은 분명 다른 거잖아요."

  이런 이야기들이 공기 중에 섞여 우리 팀으로까지 넘실거
렸다. 하지만 아무도 이 이야기를 꺼내지는 않는다. 우리 팀만의
암묵적 약속이라고나 할까. 현재 전체적인 일은 과장님이 처리
중이다. 임원 분들의 결재가 필요할 때는 건너 팀 김 부장님을
찾는 것으로 알고 있다. 결재라인으로 그쪽으로 바뀐 것이다.

　　무섭기로는 김 부장님도 누구에게 뒤지지 않는다. 하지만 박 차장님과 다른 점이 하나 있다. 성격이 불같고 다혈질인 차장님과 달리 부장님은 소리 한번 지르지 않는 것으로 유명하다. 10센티미터 위에서 A4 종이 한 장 흩날리면 바로 싹둑 잘릴 것만 같은 날카로운 칼과 같다.

　　더불어 일 처리는 정말 누구도 못 따라간다. 상사의 눈빛만 보고도 모든 일을 실수 하나 없이 해내는 아프리카 세렝게티의 맹수의 왕 사자 같다고나 할까. 거의 살아있는 전설 정도로 알려져 있는 분이다. 그런데 그런 그 분도 미생 시절에는 어리바리했다는 소문이 몇 년째 돌고 있다고 했다.

　　"이봐 자네. 지금이 몇 시인데 이제야 출근하는 거야? 사표 쓸 생각하고 그러는 거지?"

　　"결재와 결제 단어 차이도 몰라? 대학까지 졸업하고서 맞춤법이 틀리면 어쩔 거야. 시험 보고 들어온 거 맞어? 낙하산 아냐?"

　　"지금이 몇 신데 퇴근할 생각인 거야. 할 일이 태산인데. 선배들 지금 밥도 못 먹고 일하는 거 안 보여?"

　　이런 구박과 멸시를 수도 없이 들었다는, 저 멀리 숲속 마을 소문 같은 이야기가 전해진다. 하지만 어떻게 지금처럼 되었냐고? 바로 그 위에 사수로 있던 선배의 도움이 있었다는 것이다. 그 선배는 지금은 다른 회사로 이직을 하셨지만 몇 년간 김 부장님을 잘 챙기면서 회사에서 살아남기 위한 50가지 법칙 같은 전설의 비법을 차근차근 알려줬다고 한다.

왜 그렇게 알려줬는지는 아무도 모른다. 어떻게 보면 김 부장님이 지적을 받으면 받을수록 바로 위 사수에게 불똥이 튀니 그걸 사전에 막아보려는 방책이었을 수도 있겠지만 여하튼 그러한 가르침이 잘 먹혀서 지금은 전설의 김 부장으로 널리 알려져 있다.

그런데 사실 생각해보면 당시에는 평생직장의 개념이 있었기 때문에 이 회사에서 어떻게든 해법을 찾고 솔루션을 만들어가려는 것이 당연한 모습이었으리라. 하지만 요즘은 다르다. 90년대 후반 국가부도의 위기를 거치면서 직원의 개념이 달라진 것을 누구도 부정하지 못한다. 기업과 직원이 가족 같은 관계처럼 형성되었다가 그 순간 이후로 비즈니스 관계가 되었으니까.

무엇이 옳고 무엇이 틀렸다고 할 수는 없다. 다만 기업은 필요한 인재를 찾기 위해 더욱 애쓰고, 누군가는 자신의 몸값에 걸맞는 대우를 받고서 이직하는 일들이 빈번해지기 시작한 것

이다. 이제는 너무나도 일상화되어버린 헤드헌터, 계약직, 정직
원 이런 단어들이 당시에는 없었다고 하니 말이다.

　비하인드 스토리는 알 수 없겠지만 선배에게 혹독하게 트
레이닝 받았을 김 부장님을 생각하면 한편으로는 부럽기도 하
고 한편으로는 굳이 그렇게까지 해야 할까 하는 생각이 들곤 한
다. 아무래도 너무 피곤할 거 같다. 회사 내 많은 이들에게 존경
과 부러움의 대상이면서 동시에 두려움과 피해야 할 대상이기
도 하니까.

　김 부장님은 성과 최우선주의를 추구하는 분이다. 카리스
마 넘치는 모습으로 회의도 좌지우지하시는데 부하직원들이 다
들 눈치를 보느라 그에 잘 따라오지 못한다는 이야기가 많다.
그래서 화를 내진 않지만 늘 못마땅한 표정을 감추지 못한다고
한다. 김 부장님은 아무래도 영화 〈어벤져스〉에서 닉 퓨리 국
장쯤 되고, 어벤져스 군단 정도를 이끌어야 속이 편안하실 듯하
다. 그런데 어디 그런 눈높이에 맞는 사람들과 일하는 것이 쉬
울까. 아래 직원들만 죽어나는 것이다.

　김 부장님이 이렇게 말하는 소리를 여러 번 엿들었다. "연
차, 칼퇴, 주 52시간 다 좋아요. 그렇게 하세요. 심지어 사이사
이 일이 있으면 저의 재가를 받고서 잠시 다녀오세요. 그런데
성과만큼은 충분히 내셔야 합니다. 그런 것에 부족한 모습을 전

견디지 못합니다. 제 스타일 잘 아시리라 생각합니다." 입에 서슬 퍼런 칼을 물고 이야기하는 듯하여 모두가 후덜덜한다.

그렇다면 과연 무엇이 정답일까. 인생에는, 그리고 직장생활에는 정답이 없겠지만 카리스마 넘치는 분 밑에서 제대로 배워 나를 빛내는 것이 맞을까, 아니면 회사가 대해주는 만큼 나도 딱 그만큼만 움직여야 하는 것일까? 내일 어찌될지 모르는데 내 몸을 불사르는 것이 과연 옳은 일일까 하는 내적 갈등을 일으키고 있는데 누군가 등을 톡톡 두드린다. 선배였다.

"엑셀 자료는 도대체 언제쯤 넘어오는 거예요? 조용하신 과장님도 벌써 여러 번 이야기하셨어요. 며칠 전부터 프로젝트 함께하게 된 거 잘 알죠? 얼마나 기다려야 하나요? 사장님 곧 들어오신다는데 발표 가야 합니다." 세상에나, 이렇게 넋을 놓고 있었다니. 이런 상황을 겪다 보면 김 부장님처럼 제대로 배우고서 일을 처리해나가는 것이 좋을 거 같기는 하다. 누구를 위해, 무엇을 위해 나는 회사에서 생활하는 것인가. 이런 고민이 들기 시작하는 걸 보니 내게 일이 더 많아지긴 했나 보다. 된장. 당분간 칼퇴는커녕 9시 이전에 퇴근하기는 틀린 듯하다. 그래도 김 부장처럼 직장생활하기는 싫다는 생각이 더 들기 시작했다. 굳이 변명하자면 나는 90년대생이니까.

너와 나는 오직 온 존재를 기울여서만 만날 수 있다. 온 존재로 모아지고 녹아지는 것은 결코 나의 힘으로 되는 것은 아니다. 그러나 나 없이는 결코 이루어질 수 없다. 나는 너로 인해 '나'가 된다. '나'가 되면서 나는 '너'라고 말한다. 모든 참된 삶은 만남이다.

- 마르틴 부버(Martin Buber)

마르틴 부버는 오스트리아 빈 출신의 유대계 사상가이자 랍비문학가인 동시에 사업가였던 살로몬 부버의 손자다. 그는 할아버지에게서 헤브라이어와 유대 시오니즘에 대해 배웠다. 이후 유대 신비주의로 알려진 카발리즘에 매료되었는데 특히 신은 한 개인이 자신만의 사고를 통해 이해할 수 있다는 개념에 빠져 있었다. 이러한 사고 때문에 그는 칸트, 키르케고르, 니체와 같은 철학자들의 저서들을 탐독하기에 이른다. 이들의 철학에 대한 목마름으로 1896년부터 그는 빈, 취리히, 베를린 등에서 철학과 예술사 등을 공부한다.

부버의 사상은 할아버지에게서 영향을 받은 유대적 신비주의를 바탕으로 한 유대 인간관의 재현이라 할 수 있는데 이는 관

계 내에서 형성되는 것이라 할 수 있다. 여기서 '나와 너의 관계'
에 대한 종교적 실존주의 철학이 성립되기에 이른다.

현대사회가 겪는 최대 문제점 중 하나라 할 수 있는 인간상
실, 인간소외 등에 대해 고민하면서 나와 너의 관계를 설정하고,
참된 관계만이 현대인의 실존 부재를 해결할 수 있다고 믿었던
마르틴 부버. '만남'이라는 용어를 처음으로 철학에 적용했던 그
는 삶을 만남으로 여기면서 대화, 관계, 만남, 사이 등의 용어로
만남을 정의하고자 하였다. 한 사람이 다른 누군가를 만나는 것
이 그만큼 중요하고도 소중한 것임을 엿볼 수 있는 대목이기도
하다.

인연은 그만큼 중요하다. 누구를 만나느냐에 따라 나라를
통치할 수도 있고, 삶을 망칠 수도 있을 테니 말이다. 제갈공명
을 만난 유비를 굳이 예로 들지 않더라도 인연의 소중함을 넘어
중요함은 이루 말할 수가 없다.

사람이 사람을 만날 때는 서로의 부족함을 채워주거나 공
감이 이루어짐으로써 비로소 인연이라는 이름으로 연결이 된다.
믿음을 보여줌으로써 서로가 끈끈하게 이어지는 모습은 사회생
활에서 숱하게 나타난다.

리더가 반드시 모든 것을 갖출 필요는 없다. 그의 빈 곳을
확실하게 채워줄 다른 전문가들이 존재할 때 그가 빛을 발할 것

이기 때문이다. 하지만 단순히 그들을 아랫사람으로만 취급한다면 그들의 모든 것을 얻을 수 있을까. 그렇지 않다. 인간적으로 다가가서 그들의 마음까지 공유할 수 있어야 한다. 그렇게 했을 때 진정으로 인연이라 할 수 있을 것이다.

　나의 빈 곳을 더욱 정확하게 알아봐주는 몇몇 사람만 만나더라도 나는 충분히 발전할 수 있을 것이며 빛을 발할 것이다.

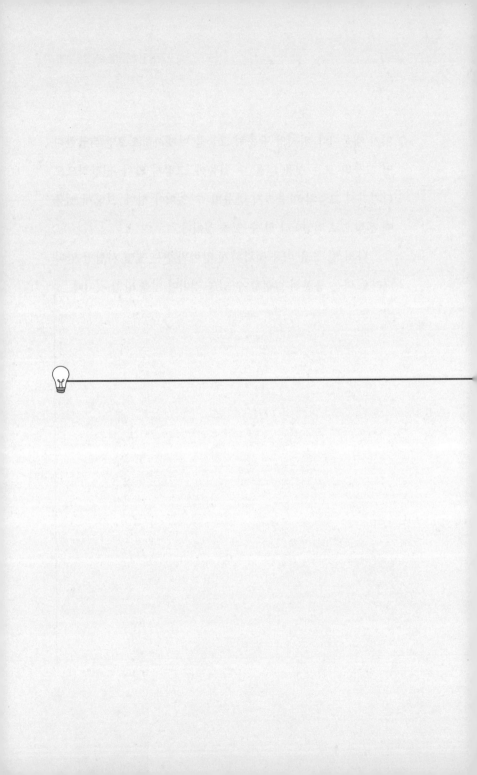

바꿀 수 없다면
맞춰갈 용기

Chapter 3

열한 번째 말

의무를 다하고서
권리를 펼쳐라

"다들 연차는 쓰고 있어? 요즘에는 연차를 써야 하는 분위기라 눈치껏 잘 써야 해. 회사에서 돈으로 주는 걸 더 부담스러워하니까."

"그런데, 연차 쓰는 것도 쉽지는 않은 거 같아요. 연차 쓴다 해놓고 일이 많아서 어쩔 수 없이 출근하는 사람들도 있잖아요."

"그러게요. 연차 사용은 직장인의 당연한 권리인데 그게 참 쉽지 않네요."

오늘 점심시간에 부대찌개가 나오기 전까지 팀원들끼리 나눈 대화다. 나야 아직 잘 모르니 끼어들어 뭐라 이야기하기도 그렇고, 연차는 1년이 지나야 쓸 수 있다는 말을 들었기 때문에 딱히 의견을 내기도 애매했다. 사실 점심시간이 되면 선배들의

잡담을 통해 회사생활의 일부를 듣게 되는 경우가 많다. 사무실
에서는 과장님 눈치가 보여서 뭐라 말도 못하는데 점심시간에
는 이러쿵저러쿵 말들이 많다. 다들 영혼에서부터 방언이 터진
것만 같다.

다른 부서 누군가의 흉을 보기도 하고, 자신이 맡은 일이
많다며 투덜거리기도 한다. 이 달에 왜 이렇게 월급이 줄었냐
며, 나라와 회사가 나한테 해준 게 뭐 있다고 이렇게 세금만 떼
가냐고 구시렁거린다. 한편으로는 맞는 말 같은데, 다른 한편으
로는 틀린 말 같다는 생각이 들었다.

가끔씩 같이 식사하는 타 부서 대리님은 아무래도 자신의
일은 제대로 하지 않으면서 이런 불만만 잔뜩 늘어놓곤 하는 것
처럼 보인다. 근무 시간에는 누가 봐도 딴짓 하는 것처럼 보이
기도 한다. 그 팀에 팀장님만 모르고 모두가 다 알고 있는 사실
이다. 더불어 팀장님께 어찌나 아부를 잘하는지 눈이 휘둥그레
질 정도로 난리였다. 그럴 때면 모두들 속삭이듯 한마디씩 한
다. '저래야 과장 되고, 부장 되고, 이사 되고 하겠지. 초고속 엘
리베이터 승진은 따놓은 당상이겠군. 우린 뭐하고 사나 몰라.'

본인 팀에서는 그런 모습 때문에 미운털이 박혔는지 함께
어울리려고 하지 않는다. 보통은 팀장님 식사시간에 함께 나가
는데 가끔 팀장님이 외근을 나가거나 사장님 호출로 자리를 비

울 때는 이렇게 우리 팀에 넘어오곤 했다. 아무래도 우리 대리
님과 인연이 있어서 그런 거겠지. 같은 대리니까. 아무리 봐도
성격은 하늘과 땅 차이라 친해질 이유가 하나도 없어 보이는데
말이다.

그 대리님은 식사 중에 끝없는 불평과 불만을 국회의 필리
버스터, 즉 합법적 의사진행 방해 행위처럼 쏟아냈다. 듣고 있
으면 회사가 그렇게도 싫은데 어떻게 저리 열심히 다니는지 모
르겠다 싶다. 나만 모르는 무슨 특별한 이유가 있나 싶기도 했
다. 심지어 그렇게나 하늘처럼 모시는 팀장님의 뒷담화도 꺼내
기 시작했다.

"우리 팀장, 정말 해도 해도 너무 한 거 같아요"라며 시작하
는 이야기들이 정말 일사천리다. 술술술 청산유수가 따로 없다.
하지만 저런 발언은 역시나 과유불급이다. 삼인성호인 것도 모
르고 저러시니 일어탁수지. '헉, 자격증을 하나라도 더 따야 스
펙에 도움이 된다 싶어 공부해둔 한자가 이렇게나 도움이 될 줄
이야. 물론 나만 아는 사자성어라 아무도 모르겠지만.' 그 와중
에 스마트폰 벨소리가 울렸다. 움찔하는 거 보니 팀장님이었나
보다. "네, 알겠습니다. 지금 식사 중인데 얼른 올라가도록 하겠
습니다. 네, 팀장님, 네, 네, 네, 네, 네, 네, 네." 무슨 이야기가 오
고갔는지 알 수는 없지만 대답은 더없이 경쾌하다. 흉보려던 팀

장님 전화인데도 언제 그랬냐는 듯 세상에서 가장 사랑하는 사람과 통화하는 듯한 분위기로 순식간에 바뀌어버렸으니 그것도 대단한 능력인 것 같다.

그래도 직장인으로서 해야 할 의무를 다하지 않는 대리님이 좋아 보이지는 않는다. 물론 그런 모습을 '현실적이다'라며 넘어갈 수도 있겠지만 뭔가 제대로 해놓고서 자기 권리를 정당하게 요구하는 것이 올바른 행동이 아닐까. 연차휴가, 근로수당, 근로 시간, 최저임금, 부당해고, 칼퇴칼출, 정규직, 육아휴직, 주 52시간 등 정확하게 권리를 요청하기 전에 의무를 다하는 모습이야말로 상호간에 신뢰이자 최소한의 도리가 아닐까.

하지만 역시나 이러한 말들은 다 교과서에나 있는 '참 잘했어요' 식의 표현일 것이다. 실질적으로 뒤에서는 대리님을 칭찬하려 들지도 모른다. 아니, 칭찬하고 있었다. "어휴, 나는 왜 이렇게 라인을 못 타서 이 고생이람. 일 잘하는 게 사실은 라인 잘 타는 거일 수도 있는데 말이죠." "저 분은 평생직장이라 생각하고 다니나 봐요. 회사가 망하기 전까지 잘릴 일은 없겠네. 부러워요. 저 넉살. 저 재주." "그러게요. 정말 일 잘하는 것이 무엇인지 가끔은 고민하게 만든다니까요. 술 잘 마시고, 상사 잘 챙기고, 경조사 잘 확인하는 게 실력일 수도 있겠다는 생각이 들기는 해요. 자기계발은 왜 맨날 뻔한 것들만 이야기하는지 모르겠어요. 성격 바꾸기, 아부 잘하기 이런 프로그램은 없나. 그럼 최고의 자기계발 코스로 인기도 많을 텐데 말이죠."

현실적인 세상에서 이상을 꿈꾸는 것이 아니라, 현실적인 세상에서 더한 현실과 마주하는 것이 1,000만 직장인들의 아픈 현실이란 말인가. 신입교육 때 왜 이런 이야기는 아무도 해주지 않았던 것일까? 훗날 나는 이 회사에서 어떠한 직원으로 근무하고 있을지 심히 궁금해진다. 계속 다니기는 하려나 모르겠다. 우선은 맡은 거나 열심히 제대로 해야지 하는 의무감만 꾸역꾸역 마음속에 쑤셔 넣어두련다.

하늘은 한 사람의 어진 이를 내어 뭇 사람의 어리석음을 알려주
나 세상은 도리어 잘난 것을 뽐냄으로써 남의 모자라는 곳만 들
춰내고 있다. 하늘은 한 사람에게 부를 주어 여러 사람의 곤함
을 건지게 함이건만, 세상은 도리어 저 있는 바를 믿고 사람의
가난함을 깔보나니 진실로 하늘의 벌을 받을진저.

- 《채근담》 중에서

유대인의 삶의 명언들로 가득한 《탈무드》에 비견할 만한
중국의 지혜서 《채근담》은 나 자신뿐 아니라 나를 둘러싼 세상
을 올바르게 돌아보도록 돕는 글들로 가득하다. '채근담'이란
나물 뿌리를 씹으며 들려주는 평이하고도 담담한 이야기를 의
미한다. 말 그대로 우리 일상에 직접적으로 연관이 있는 이야기
라는 것이다. 힘든 삶 속에서 나물 뿌리 정도 씹어봐야 누군가에
게 삶의 가치를 들려줄 수 있을 정도의 위치에 서지 않을까 하는
생각도 해보게 된다.

중국 명대 후기에 태어나 나물 뿌리 좀 씹으며 살았던 작가
홍자성은 출세하여 이름을 떨친 자도 아니요, 부자로 태어나 금
수저로 당당히 살았던 자도 아니었다. 땅이 더없이 황폐해 먹을

걸 찾느라 힘들었던 지역에서 궁핍하게 살았으며, 평생을 공부에 매달렸지만 시험에 떨어지기만 하던 그런 불운한 사람이었던 것이다. 하지만 어려운 사람이 어려운 사람의 마음을 알기 때문일까. 그 와중에 그는 이웃을 돕고 겸손한 삶을 청빈하게 산 사람으로 알려져 있다.

그렇다면 오늘날처럼 성공에 목마른 사람들로 넘쳐나며, 많이 가지고 있지만 더 갖기를 원해 상대를 무자비하게 내치는 상황에서 평화롭고 우아하게 인생을 살아가는 방법을 담백하게 들려주는 이 책이 더없는 가치를 빛내는 이유는 무엇일까? 바로 위로와 공감 때문이라 할 수 있다.

최근 수많은 에세이들이 위로와 공감을 통해 대중의 책읽기를 부쩍 가깝게 이끌고 있는 것처럼 《채근담》 역시 어렵고도 힘든 삶에서 건져 올린 펄떡이는 물고기 같은 진정성과 솔직함을 담아내고 있기 때문에 오랜 시간 동안 사랑을 받아오는 것이 아닐까?

더 똑똑한 자, 더 부유한 자, 더 건강한 자 등 하늘이 그런 사람을 태어나게 한 데는 자연의 순리처럼 이유가 있을 것인데 단지 그 모든 것이 자신이 잘났기 때문에 이뤄진 거라고 자만하는 자들을 꾸짖고 반성하게 함으로써 모두가 행복했으면 하는 마음에 이 책이 존재하는 것은 아닌가 하는 생각을 해본다. 우

리에게 주어진 의무와 권리를 올바르게 사용할 줄 아는 사람이
되어야 하는 이유에 대해 나물 뿌리를 곱씹듯이 씹어 충분히 이
해할 수 있어야 하겠다.

소환행은 사라지고
남은 것이라고는 …

"선배. 뭐 하세요? 그렇게나 많이 드시게요? 아님 책상에 두고 드시려고요?"

"어, 그게, 저…. 맞어. 책상에 두고 마시려고."

영혼이 뽑혀나가도록 엑셀 작업을 했더니 영혼뿐만 아니라 눈과 함께 온몸마저 흐물거린다. 점심도 못 먹게 생겼는데 이거 언제까지 해야 하나 싶기는 하지만, 마감이 코앞이라 딱히 뭐라 하지도 못하고 있는 상황이다. 상황이 이렇다 보니 점심 식사를 사러갈 시간조차 없어서 옆 팀에 부탁을 해야 했다. 옆 팀 분들을 아무도 모르는데 나보고 다녀오라고 한다.

누구한테 물어야 하나. 뭐라고 이야기해야 하나. 그 입구에 서 쭈뼛거리며 서 있는데 누군가 밖으로 나오다가 나를 힐끔 쳐다본다. "무슨 일인가요?" "아, 네. 저희 과장님께서… 지금 팀이 너무 바빠서… 식사를 할 시간이… 아, 아닙니다." 누구를 찾아서 뭐라고 해야 할지 도무지 생각나지 않았다. 그냥 내가 가는 편이 나았다. 그런데 결재는 뭐로 해야 한담? 당최 무엇을, 어떻게, 왜, 누구를, 어디서, 언제 해야 할지 도무지 알 수 없는 멘탈 붕괴가 찾아왔다.

다시금 우리 팀으로 돌아왔다. 매일 출근하는 곳이고 매일 만나는 사람인데 이 상황에서조차 누구에게 말을 걸고 무엇을 물어야 할지 감이 잡히지 않았다. 역시나 멍하니 입구에 서 있었다. 그런 모습을 보았던 것인지 선배가 다가왔다. "여기서, 뭐 해요. 옆 팀에서 해준대요?" "아니요. 그게, 누구한테 물어야 할지도 모르겠고 어떻게 해야 할지도 모르겠고. 죄송합니다." "아, 아니에요. 너무 급한 마음에 나도 아무 생각 없이 그렇게 시켜 버렸네요. 미안해요. 이거야 원 정신이 없어서리. 잠시만요. 과장님. 식사는 내부에서 하는 거죠? … 그럼 배달로 하겠습니다." '배달이 가능한 것이었구나.' "정말 미안해요. 당연히 안 해줄 건데 왜 내가 옆 팀에 가라고 시켰을까. 진짜진짜 미안해요."

다행히 이러지도 저러지도 못할 상황이 종료되어 안도의 한숨이 푹푹 내쉬어졌다. 그리고는 점심식사로 뭘 먹을지 팀원들에게 하나둘 묻기 시작했다. 누구는 삼선볶음밥을 먹겠다 하

고, 다른 누구는 갈비탕을 먹겠다고 했다. 나는 정신이 없어서
입맛이 없었다. 선배는 물어보니 김치찌개를 먹겠다고 한다. 그
런데 생각해보니 한 집에서 주문할 수 있는 종류가 아니었다.
역시나 당황스러웠다. '뭘 어떻게 해야 하지? 이번에는 제대로
물어봐야겠다.' "선배, 주문을 어디서 해야 하나요? 다들 드시고
싶다는 게 다른데 한 집에서 시킬 수 있는 음식들이 아닌 거 같
아요." "한 집으로 통일시켜야죠. 잠시만요. 자, 자, 자. 주문받
겠습니다. 오늘은 중국집에서 시킬게요. 과장님은… 간짜장. 대
리님은… 삼선볶음밥. 나는… 삼선짬뽕. 뭐로 주문할래요?" "저
는 삼선볶음밥 하겠습니다." "오케이. 과장님, 탕수육도 하나 같
이 할게요."

이렇게 주문이 끝났다. 나는 손에 땀이 날 정도로 뭘 어떻
게 해야 할지 몰랐는데 나보다 1년 선배는 이렇게나 물 흐르듯
이 여유롭게 주문을 마치고는 자신의 책상 앞에 앉았다. 그러고
는 언제 그랬냐는 듯 중국집에 전화하고는 모니터를 뚫어져라
쳐다보기 시작했다. 나 역시 잠시 정신을 차리고 책상 앞에 앉
았다. 저렇게 해야 하는 거군. 다음에는 저렇게…. 나도 모르게
중얼거리기 시작했다.

그래도 너무나도 다행이었다. 옆 팀에 가서 별일이 없었고,
우리 팀에 와서 별일이 없었으며, 나의 지금 모습도 별일 없었

다는 듯 약간은 자연스러웠다. 방금 전까지 식은땀을 뻘뻘 흘리던 나의 모습은 점점 사라져가고 있었다. 그런 와중에 잠시 탕비실로 갔다. 그러다가 선배와 마주친 것이다. 선배의 손에는 과자가 한 움큼이었다. 믹스커피는 거의 두 움큼쯤 되었다. 나를 보고서 '얼음'이 되어버린 선배. '이것이 바로 회사 내 소확횡(소소하지만 확실한 횡령), 소확절(소소해도 확실한 절도)이란 말인가.'

사실 선배가 그냥 아무 일 없었다는 듯 행동했으면 나도 이상하게 보지 않았을 텐데 놀라는 모습을 보고서 '왜 놀라지?' 하는 생각이 들었을 뿐이다. 그리고 손에 들고 있는 양이 좀 많아 보였을 뿐. 나라도 내 자리에 와서 먹는 게 없지는 않았으니. 그러고 보니 선배 자리에 딱히 과자나 믹스커피가 보이진 않았는데. 뭐, 책상 서랍에 넣어두었겠지. 그런 마음으로 탕비실을 나왔다.

많은 이들이 소확행이라는 단어를 쓰는데 회사 내에서는 소소한 행복이 무엇인지 생각해보게 된다. 이렇게나 모두들 일을 전투적으로 하고 있는데 과연 무라카미 하루키처럼 삶에서 우연한 기쁨을 찾을 수 있을까? 도대체 뭐가 있을까?

'보고서 정리 잘했다고 과장님이 칭찬해주셨을 때?'

'야근 중에 뜬금없이 대리님이 내가 있어서 야근 시간 줄었다며 응원해주셨을 때?'

'업무지시를 받을 때마다 당황해하는 나를 보고서 선배가 나름 차근차근 설명해줄 때?'

이 정도가 팀원들과의 커뮤니케이션으로 누릴 수 있는 소확행일 것이다. 그런데 이것 말고도 더 있을까?

'아침에 부랴부랴 지각하지 않으려고 전속력으로 달리며 출근하는데 로비 담당자분께서 오늘 하루 잘 보내라며 인사해주실 때?'

'점심시간 전 배가 고파 책상 서랍을 열었는데 어제 사두었던 과자가 그대로 있었을 때?'

'엑셀 작업하느라 팔이 빠질 듯하다가 문득 고개를 들어 창문을 바라보았는데 햇볕이 그 어느 때보다 따사롭게 느껴졌을 때?'

'오늘도 야근인가 하는 마음이었는데 과장님이 갑자기 칼퇴하자며 내 등을 두드려주셨을 때?'

'칼퇴하는 발걸음이 하늘을 달리듯 가볍다고 느껴졌을 때?'

생각해보니 찾아만 보면 끝도 없이 소확행을 찾을 수 있지 않을까 싶다. 엔도르핀, 도파민, 세로토닌 이런 호르몬들은 인간의 마음가짐, 정신 및 감정 상태에 따라 긍정적으로도 부정적으로도 작용하는 것이 아닐까 싶다. 그렇다면 조금 더 밝고 희망적인 마음으로 회사생활을 해나가야 하지 않을까 하는 생각이 든다. 어차피 해야 할 것이라면 조금 더 즐거운 마음으로 해야 하지 않을까. 슬기로운 직장생활을 잘 해나가야 나도 스트레스 적게 받고 살아갈 수 있지 않을까 싶다.

그런데 오늘은 칼퇴하려나? 아니면 또 심야야근이려나?(젠장)

지금 뉴욕 시는 세계에서 가장 부유한 도시입니다. 그러나 모든 아이들이 제대로 먹고 모든 남편과 아내가 행복해지기 전에는 그렇다고 말할 수 없습니다. 시민 모두가 행복하고 잘살 수 있도록 끊임없이 노력하는 것, 그것이야말로 진정한 정치인의 길이라고 생각합니다.

- 피오렐로 라과디아(Fiorello Henry La Guardia)

자신의 양심이 가리키는 대로 정확하게 살아온 정치인이라 평가받지만, 150센티미터의 작은 키에 목소리는 불편할 정도라 지적받아왔던 영원한 뉴욕 시장 피오렐로 라과디아. 오직 자신이 사랑한 도시 뉴욕만을 위해서 온몸을 바친 그는 '작은 꽃'이라는 애칭을 갖고 있다. 그를 평가할 때 빠지지 않는 일화가 하나 있다.

1930년대 미국 뉴욕의 한 법정에서 빵 한 덩이를 훔친 죄로 어느 노인이 재판을 받았다. 이때 판사는 노인에게 묻는다. "빵을 왜 훔쳤습니까?" "나이가 많아 일자리를 도저히 구할 수 없었습니다. 사흘이나 굶었는데 배가 너무 고팠어요. 미안합니다."

잠시 후 판사는 판결을 내린다. "법은 만인에게 평등합니다.

예외 또한 없습니다. 당신에게 10달러의 벌금형을 선고합니다.
그리고 저를 비롯해 이 법정에 함께 있는 모든 방청객들에게도
벌금형을 선고합니다.”

웅성거리는 방청석을 바라보며 판사는 다시금 말을 이어갔
다. “이 분께서 빵을 훔친 것은 오로지 이 분만의 책임은 아닙니
다. 우리 모두에게는 살기 위해 빵을 훔쳐야만 했던 어려운 분을
돕지 못한 책임도 있습니다. 그래서 저에게도 똑같은 벌금형을
내리겠습니다. 동시에 여러분에게는 50센트의 벌금형을 내리고
자 합니다. 그리고 이 벌금형에 동참해주실 것을 권고합니다.”

판사는 가장 먼저 모자에 10달러를 넣었고, 방청객들도 너
도나도 벌금형에 동참했다. 노인도 벌금을 낼 수밖에 없었다. 하
지만 그러고도 모자에는 47달러 50센트가 남아 있었다.

이후 그는 하원 의원에 당선되었을 때도 자신의 당의 반대
를 무릅쓰고 오직 사회적 약자와 빈곤층을 위한 복지정책에만
매달렸다. 실업보험 실시, 노동시간 단축, 소액예금 보호 등도 모
두 그의 노력이 있었기에 가능했던 정책들이었다. 그러다 보니
그는 시민들의 뜨거운 지지를 얻었지만 공화당의 골칫거리로 남
을 수밖에 없었다.

15년 후 뉴욕 시장에 당선되었을 때 그는 더욱 가까이서
뉴욕 시민들만을 생각하며 정책을 펼쳐나갔다. 커다란 정책이

아닌, 작지만 소중한 정책들로 뉴욕 시민들은 안정과 평화, 행복
과 자유를 누릴 수 있었다. 뉴욕이 뉴욕일 수 있었던 이유인 것
이다.

법은 만인 앞에 평등하다는 말은 어찌 보면 참으로 식상한
말처럼 들린다. 하지만 그만큼 소중하고 중요한 말도 없는 것 같
다. 그 법 안에서 모두가 행복해야 한다는 말은 더욱 식상하게
들린다. 하지만 역시나 더없이 필요한 말이다.

사람들은 행복을 그렇게 큰 것에서 찾으려고 하지 않는다.
작은 것에서 충분히 만족하는 행복 거기서 커다란 기쁨을 찾는
것이다. 수십 억 복권에 당첨되는 기쁨도 물론 크겠지만 일반적
으로는 그렇게 당첨되기를 희망하며 매주 구입하는 복권 그 자
체에서 행복을 누리는 사람들이 많다.

칼출, 칼퇴, 주 52시간을 온전히 누리지 못하는 직장인들이
많다. 누려야 할 권리를 누리지 못한다면 당연히 자신의 목소리
를 내야 할 것이다. 하지만 그러한 과정에서 무조건적으로 불만
만 가질 것이 아니라 소소한 행복을 찾는 것도 충분히 이성적이
면서도 합리적인 방법이 아닐까.

열세 번째 말

어깨 힘 좀 빼고
시작합시다

대리님은 아침 일찍 출근하셨나 보다. "안녕하세요." 인사를 드
렸는데 눈이 벌겋게 충혈되어 있었다. 아니다. 혹시 밤샘 근무
를 한 것일까? 사무실 천장에 이미 불이 들어왔는데 책상 스탠
드에 불이 켜져 있는 것을 보니 그럴 수도 있겠구나 하는 생각
이 문득 스쳐지나갔다.

　　팀 전체를 지치게 해온 프로젝트가 끝나가는 단계이긴 해
도 여전히 적색경보는 꺼지지 않고 있다. 그런데 유난히 대리
님이 강박증이 있는 것처럼, 아니면 편집증이 있는 것처럼 일을
손에서 놓지 못한다. 평소 그렇게 일중독자처럼 보이지는 않았
는데 말이다. 큰일이어서 그런가. 아니면 혹시, 승진과 관련 있
는 프로젝트인가. 신입인 내가 더 알 수도 없을뿐더러 더 알 필
요도 없긴 하겠지만 대리님이 손에서 일을 놓지 못하는 모습을

보니 안타깝기도, 안쓰럽기도 하다.

커피라도 한 잔 갖다드릴까 싶어서 슬쩍 옆으로 다가갔다. "대리님, 커피 한 잔 하시겠어요?" "아니, 괜찮아요. 그냥 잠시 이러고 있으면 괜찮을 거예요." 몇 날 며칠 동안 이어져온 과다 근무라 상태가 썩 좋아 보이진 않는데 그래도 견딜 만한 것인지 아니면 이제는 완전히 방전되다 못해 번아웃이 되어 세상만사 다 귀찮은 건지 정확히는 모르겠다. 이럴 때는 가만히 두는 것이 상책일 듯싶었다.

생각해보면 학교 다닐 때도 그런 친구가 있었다. 팀 프로젝트를 진행할 때 다들 밤을 새우면서 일을 진척시키는 와중에 유난히 늦게까지 남아서 무엇인가를 하는 친구. 학점에 대한 압박 때문일까, 아니면 자신의 성격 때문일까 알 수는 없지만 포기할 것은 포기하고 진행할 것은 진행해야 하는데 끝까지 붙들고 놓지 못하는 모습을 볼 때마다 좀 안됐다는 생각이 들기도 했다. 안 되는 것은 그냥 포기하고 다른 것으로 넘어가야 할 텐데 말이다.

대리님이 그런 상황인지는 알 수 없지만 다른 분들에 비해서 뭔가 일이 잘 진행되지 않아 계속 붙들고 있는 것만 같은 느낌적인 느낌이 들곤 했다. 과장님이 워낙 말수가 없어서 진행사항을 바로바로 체크하지 못해 더욱 힘들어하는 것은 아닌가 싶기도 했다. 나름 잘해야겠다는 마음으로 일을 생각 이상으로 많이 맡았을 수도 있다. 즉 어깨에 힘을 잔뜩 주고서 시작을 한 것 같다는 생각도 들었다. 굳이 그러지 않으셔도 되는데. 자신이 맡은 바에서 온전한 성과를 내는 것이 더욱 돋보일 수 있을 텐데 하는 나만의 판단이 퍼뜩 머릿속을 스쳐지나갔다.

그에 반해 선배는 눈치껏 일을 잘 처리하는 것처럼 보였다. 집중해서 일을 할 때는 하면서 적당히 쉴 때는 쉬는, 학창 시절에 보던 공부 잘하는 전교 1등 같은 느낌이라고나 할까. 사이사이에 과장님이 약간은 귀찮아하실 정도로 업무 진행상황을 전달하고, 함께 공유하며 차근차근 벽돌을 쌓아올리듯 일을 해나가고 있었다.

대리님은 그러지 못하고 있는 것일까? 계속 책상 앞에 앉아 계시기는 하는데. 일이 훨씬 많은 것일까? 아니면 일의 난이도가 어마어마한 것일까? 선배는 아주 늦게까지 남아 있는 것 같진 않은데 말이다. 프로젝트가 한창 진행되는 동안 오히려 나의 퇴근 시간은 생각 이상으로 여유로웠다. 다들 너무 늦게까지 내가 남아 있을까 봐 배려하는 인상마저 들었다.

"어서 들어가. 내일도 할 일 많을 텐데." "아직은 늦게까지 남아봐야 딱히 할 일이 없을 텐데 푹 쉬다 출근하는 게 훨씬 낫겠지. 그런데 지각은 안 돼. 요새 너무 간당간당하게 출근하잖

아. 처음부터 그랬던 거 같기는 한데. 그건 안 돼, 자네."

　일상적인 잔소리가 되어버린 출근 시간 이야기이긴 하지만 퇴근에 대한 배려가 있어서인지 크게 거슬리진 않았다. 사실 조금만, 아니 5분만 더 일찍 움직이면 되는데, 그게 참 잘 안 되는 것이 신기했다. 벌써 출근한 지 몇 달이 되었는데도 말이다. 그래서 사람에게 습관이란 것이 참 중요한가 보다. 5분만 더 이불을 시원하게 박차고 나오는 연습을 했어야 하는데 그 5분 동안 이불 안에서 꾸물거리는 습관이 굳어졌으니 계속 들었던 말이 또 나오는 것은 아닐까 하는 생각이 들었다. '내일부터는 좀 더 신경 써야지. 요즘처럼 정신없이 일이 진행될 때는 꼬투리 잡힐 행동 자체를 하지 않는 게 상책일 테니.'

　대리님은 몇 날 며칠 그렇게 어깨가 아프다고 했다. 딱히 물리적으로 힘을 준 것은 아니었을 텐데 스스로가 그 속에서 못 벗어나고 있는 것은 아닐까 싶다. 조금 내려놓을 건 내려놓고 몰아칠 것은 몰아치는 것이 현명할 텐데 말이다. 뭐가 아쉬워서, 아니 무슨 욕심이 그렇게 많아서 이렇게 잠시 잠깐 멈추지 못하고 달리기만 하는 것일까? 참으로 알다가도 모르겠다.

　회사 건물 밖에 나와 뒤돌아서 위를 올려다보니 우리 팀 창문에 불이 환하게 들어와 있다. 그런데 우리 팀만 그런 것이 아니었다. 건너 건너 몇몇 창문에도 불이 들어와 있었다. 꼭 미술

작품처럼 규칙적인 패턴으로 불이 들어와 있는 것처럼 느껴졌다. 다들 오늘은 몇 시에 퇴근할까? 그리고 내일은 어떤 모습으로 다들 서로를 만나게 되는 것일까? 그렇게 직장생활자이자 봉급생활자의 하루는 조금씩 끝나가고 있었다. 과장님이든, 대리님이든, 선배든 모두에게 똑같은 24시간이 주어져 있을 것이고 그 안에서 다들 효율적으로 시간을 운영하고 있는 것이겠지?

중요한 건 일정표에 적힌 우선순위가 아니라
당신 인생의 우선순위를 정하는 것이다.

- 스티븐 코비(Stephen Covey)

전 세계 40개국의 언어로 번역되고 3,000만 부 이상 판매되었으며 300만 한국 독자의 삶을 변화시킨 성공학의 교과서이자 세계적인 베스트셀러 《성공하는 사람들의 7가지 습관》의 저자 스티븐 코비. 그는 이 책을 통해 이야기하는 7가지 습관을 〈포춘〉 선정 500대 초일류기업 가운데 460여 개 기업에 적용하여 커다란 변화를 경험하게 하였다.

'자신의 삶을 주도하라' '끝을 생각하며 시작하라' '소중한 것을 먼저 하라' '승-승을 생각하라' '먼저 이해하고 다음에 이해시켜라' '시너지를 내라' '끊임없이 쇄신하라'라는 7가지 습관은 테크닉 위주의 자기계발서들의 범람 속에서 단연 빛나는 원칙 중심의 패러다임을 주장하는 자기계발의 명언으로 인정받고 있다.

하버드대 MBA와 브리검영대 경영학 박사학위를 받은 그는

1970년대 후반부터 IBM, AT&T 등의 기업에서 경영컨설팅으로
이름을 알리다가 1983년 코비리더십센터를 설립해 성공하는 삶
과 기업 경영을 위한 강연과 저술 활동을 벌여왔다. 그의 책 및
강연은 너무나도 단순한 가르침으로 귀결된다. 바로 '누구나 자
신의 운명을 지배할 수 있다'는 것이다. 이 한 문장만으로 그는
자기계발의 핵심 원칙을 설명하고 있으며, 더불어 혁신적인 시간
관리를 이야기하는 'First Things First', 즉 '소중한 것을 먼저 하
라'라는 의미를 전 세계에 설파해왔다.

열네 번째 말

눈물 한 바가지 쏟지 않은
직장인이 있을까?

과장님, 대리님, 선배 그리고 나. 현재 이렇게 네 명이 한 팀으로 근무하고 있다. 우리 부서는 수출입관리 업무를 맡고 있다. 물론 나는 아직까지 정확하게 업무를 맡아서 하는 것은 아니다. 전체적인 상황을 이해해가며 조금씩조금씩 적응해나가고 있는 단계라고나 할까. 세상 모든 신입사원들이 겪어야 할 필연 같은 시간을 보내고 있다. 좋든 싫든 즐겁든 짜증나든 운명의 동아줄로 묶여 있다고 해야 할까.

가끔씩 대규모 수출입 프로젝트가 진행되면 초긴장 상태가 된다. 몇 억, 몇십 억, 몇백 억 이야기가 전화 수화기 너머로 울려 퍼지는 것을 여러 번 들었다. 생각 이상으로 만만한 상황이 아니었다. 그리고 원래는 좀 더 많은 인원이 필요한 것도 사실이고 차장님 자리가 공석인 까닭에 건너 팀 부장님께 최종 결재를 받아야 하는 번거로움도 적지 않았다. 과장님은 임원회의에 가실 때마다 추가 팀원 배치에 대한 이야기를 빼먹지 않고 꺼냈다고 하셨다. 하지만 언제나 묵살이라는 허공 속의 메아리만 외치다가 돌아온다는 말도 빼놓지 않으셨다.

"한창 일이 많을 때인데 아무도 오지 않으면 어쩐답니까. 주 52시간은커녕 일 52시간 하게 생겼는데 말이죠." "어휴, 모르는 소리 마세요. 그런 이야기 더 꺼냈다가 우리마저 뿔뿔이 흩어질까 걱정이에요. 물론 누군가 더 와야 하는 건 맞는데 말이죠." "어쩌겠나. 아직까지는 우리끼리 해야 하는 몫이라고 하는데. 언젠가는 오겠지 누군가. 그냥 열심히 해야지 뭐. 할 건 해야 하니까."

바쁘고, 바쁘고, 바빴던 며칠이 지났다. 갑자기 누군가 팀 내로 들어오더니 불쑥 인사가 이어졌다. "안녕하세요. 처음 뵙겠습니다. 아니다. 과장님은 저 누군지 아시죠? 오늘부터 이 팀에서 함께하게 되었습니다. 잘 부탁드립니다."

'헉, 이럴 수가.' 대리님이 단체카톡방에 알 듯 말 듯한 짧은 메시지를 남겼다. '이제 우리는 죽었다. 어떡해. 정말. 매일매일 눈물 쏟을 일만 남았네.' 당최 무슨 이야기인지 알 수 없었지만 그 와중에 문득 스치는 바람 같은 기운이 머릿속에 스며들었다. 몇 달 이 회사에 몸담아서인지 그만한 눈치는 생긴 것이다.

"잘 부탁해요. 최 대리님보다는 제가 입사 선배죠? 6개월이던가? 1년이던가? 그런 게 뭐 중요하겠어요. 선배라는 게 중요하죠. 제가 무슨 일을 맡아야 할지는 이미 다 브리핑 받았습니다. 당장 업무 파악할 수 있도록 최 대리가 디테일한 설명 부탁드려요. 짧고 간략할수록 좋으니 그렇게 준비해주세요. 한창 바쁜 시기인 만큼 저도 쓸데없는 일로 시간 빼앗고 싶진 않네요."

후덜덜한 카리스마, 백설공주 동화 속 마녀 못지않은 싸늘한 말투, 피 한 방울 흘리지 않을 것만 같은, 아니 피 색깔이 파란색일 것만 같은 냉철함. 그랬다. 소문으로만 듣던 그 분이 오신 것이다. 과장님보다 후배이긴 하지만 우리 팀을 들었다 놨다 할 태세다. 팀 매출 또는 성과를 가장 중요시하는 회사에 꼭 한 명은 존재하는 그런 직장 상사. GE를 뒤흔들었던 중성자탄 잭 웰치 못지않은 기세로 우리 팀에 들어선 그 분은 출산 일주일 전까지 이전 팀의 프로젝트들을 줄기차게 성공시키는 데 크게 기여했다고 한다. 지금도 다르지 않았다. 꼬박꼬박 하루도 빠지지 않고 아이들을 출근 전까지 돌본 뒤 회사로 향한다고 하니 영국의 철의 여인 같은 분위기를 물씬 풍겼다.

과장님도, 새로 오신 대리님도 정확히 이야기하지 않으니 계속 이곳에 머무는 것인지 아니면 잠시 도와주기 위해 파견 온 것인지는 알 수 없었다. 다만 심상치 않은 분위기임은 분명했

다. 그러지 않아도 야근이 이래저래 이어지는데 혹시나 사무실
내에 간이침대를 펼쳐놓고 일하는 건 아닌지 모르겠다는 조바
심이 들었다.

이미 최 대리님은 눈물짓기 일보직전이었다. 갑작스레 축
처진 눈빛은 이 한마디를 쉴 새 없이 던지고 있었다. '나 죽었
네.' 그 와중에 선배는 별 눈빛의 변화가 없었다. '할 만하다는
생각을 하시는 걸까? 아니면 일을 제대로 배울 수 있겠다고 기
대를 하는 것일까?' 왠지 대리님은 이 분과 천적이 될 것만 같은
불길한 예감이 들었다. 누가 봐도 스타일이 다르기 때문이다.
거기에 바로 위 선배이다 보니 어떻게 할 도리가 없을 것이다.

대량으로 쏟아질 업무 폭탄도 문제겠지만, 무엇보다 대리
님이 마음고생을 많이 할 것 같다는 생각이 들었다. 눈물마저 한
트럭으로 흘리시면 어쩌지 하는 걱정도 비켜가지 않았다. 하지
만 어쩔 도리가 없는 상황이었다. 끝도 없이 업무는 밀려오고 있
었기 때문이다. 누군가가 에너지 넘치게 진두지휘를 해주는 것
만이 우리 팀을 살릴 수 있는 방법이라는 생각은 얼핏 들었다.

과장님은 그렇게 하실 자신이 없었던 것이다. 과장님은 알
고 계셨는지도 모른다. 그 분이 오신다는 사실을. 미덥지 않아
도 어쩔 수 없다고 생각했을 것이다. 이제 남은 것은 우리가 어
떻게 적응하고, 그에 맞춰 성과를 낼지에 관한 것뿐이었다. '그

래, 뭐 어떻게든 되겠지. 내일의 태양은 내일 떠오를 테니 그냥 내일 생각하고 행동하는 것이 정신건강에도 좋지 않을까? 어찌 되겠지. 설마 다들 죽기야 하겠어. 그렇게, 그렇게 하는 거지 뭐. 그래도 단기적으로만 계시면 참 좋을 텐데. 팀이 너무 정신 없이 움직이면 안 될 텐데.'

보통 새로운 누군가가 오면 축하인사 겸 회식 자리를 갖는다고 알고 있었는데 오늘은 그런 것도 없었다. 새로 오신 대리님은 옛 차장님 자리에 우선 앉았다. 저 자리는 저렇게 사람을 바꾸는 것인가 하는 생각이 들면서도 다시금 살얼음판을 걷는 하루하루가 이어질 것을 생각하니 섬뜩하기도 했다. 내일부터 어떻게 되는 것일까? 과연 내일은 어떻게 되는 것일까? 주문을 외듯 그렇게 중얼거리며 나는 다시금 자리에 털썩 앉았다.

그러다가 뒤를 돌아보았다. 최 대리님은 자리에 앉아 머리를 감싸 쥐더니 한동안 멍하게 모니터만 바라볼 뿐이었다. 이제 새로운 일들과 사건들이 펼쳐지겠군. 슬기롭게 회사생활을 해나갈 뿐이다. 나에게 맞는 바로 그 일을 찾아서.

살아남는 것은 가장 강한 종이나
가장 똑똑한 종들이 아니라,
변화에 가장 잘 적응하는 종들이다.

- 찰스 다윈(Charles Darwin)

동물이 본능적으로 타고난 행동을 연구하는 학문인 비교행동학으로 널리 알려져 있는 동물학자 콘라트 로렌츠는 찰스 다윈을 이렇게 평가했다. '많은 생물학 분야가 그에 의해 영감을 받았고, 그를 창설자, 개척자라고 주장한다. 놀라운 것은 다윈의 가설에 기초하거나 그 가설연구가 기본적으로 그를 변함없이 정당화시켜왔다는 것이다.' 이 한마디만으로도 다윈이 인류 역사에 얼마나 커다란 영향을 미쳤는지 쉽게 이해할 수 있다. 19세기를 뒤흔들었던 그의 이론은 유전학 관련 부분만 제외하고 현재까지도 인정받고 있는 만큼 엄청난 선구자임에는 분명하다.

하지만 그 역시 예상치 못한 기회를 통해 엄청난 역사를 창조해낸 인물이었다. 케임브리지대학을 졸업한 1831년 12월

27일 그는 탐험선 비글호를 타고 약 5년간 탐사 여행을 떠났다. 사실 그는 생물학자로서 이 여행에 함께했던 것이 아니라, 지질학 탐사와 과학 표본 수집을 원했던 로버트 피츠로이 함장의 지적 욕심에 따라 승선한 것이었다. 즉 세계 각지에 탐험선을 파견해 측량과 과학 연구를 시키던 영국 해군의 명령에 따라 출항한 비글호는 케임브리지 대학교수의 추천을 받아 22세의 다윈을 배에 태웠다고 한다. 더불어 승선 외에 모든 것이 무보수였던 그의 여행은 다른 박사들의 거절 끝에 이루어진 것이라고 하니 행운의 여신이 누구에게 미소를 지을지는 아무도 알 수 없는 것 같다.

한편으로 보면 그 역시 변화에 잘 적응한 종이었기에 이러한 탐험의 기회를 붙잡을 수 있었으며 힘들고도 고된 탐험 기간 동안 자신의 임무를 정확하게 수행하여 인류 역사에 커다란 족적을 남길 수 있었던 것은 아니었나 싶다. 5년간의 탐험 동안 그는 전보를 통해 영국에 지속적으로 자료들과 연구 결과를 보내왔기 때문에 탐험이 끝난 시점에 본국으로 돌아왔을 때 이미 엄청난 유명인사로 알려져 있었다.

우리의 삶도 마찬가지가 아닐까 하는 생각을 해본다. 늘 고여 있는 물이라는 존재로 취급받기보다 변화하는 세상에 잘 적응하여 그에 맞는 결과물을 창조해내고 앞으로 나아갈 수 있는

용기가 필요할 것이다. 자신의 것만 고집하고 버티다가는 결국
몰락의 길을 자초할 수 있기 때문이다.

열다섯 번째 말

최 대리에게는 악마,
선배에게는 천사

새로운 아침이 시작되었다. 내일의 태양이 떠오른 것이다. 다들 마음의 준비를 단단히 한 것일까? 아니면 별다를 바 없는 똑같은 하루라고 생각하고 있는 것일까? 누가 봐도 눈빛에서 알아챌 수 있을 것만 같다. 과장님은 그냥 똑같은 하루라는 표정을 하고 계셨다. 선배는 뭔가를 기대하는 듯 눈빛이 초롱초롱하다. 이렇게 말하는 것처럼 느껴졌다. '이제 제대로 일을 배울 수 있겠군. 나도 드디어 빠르게 진급할 수 있는 버스를 타는 거야.' 역시나 대리님의 표정은 예상했던 그대로다. '아, 난 죽었구나. 왜 하필.' 그런데 어쩌랴. 살아남는 자는 적응하는 자일 테니 다들 거기에 맞게 움직일 수밖에 없다. 나 역시 마찬가지다. 이제는 조금 더 정확한 업무들이 떨어지겠지 싶었다.

　새로 오신 대리님에 대한 소문이 있었다. 이번 건을 제대로 해내면 다음번 승진 1순위라는 것이다. 그 분 역시 그에 대한 생각이 컸으리라. 우리 팀에 불쑥 자원해서 들어온 데는 다 이유가 있을 것이다. 그러니 의욕도 넘칠 테고, 제대로 해내기 위해 팀원들을 엄청 몰아붙일 거라는 생각이 들었다. 긴장되기도 하고, 기대되기도 하고 그런 마음이 얽히고설켜 약간 정신이 없었다.

다들 한 손에는 아메리카노를, 다른 한 손에는 노트와 필기구를 챙겨들고서 회의실로 모였다. 자리에 앉기가 무섭게 PPT를 켜고서 프레젠테이션을 진행하시는 대리님. '도대체 언제 저걸 다 준비한 거야?' 이러한 생각이 모두의 머릿속을 헤집고 다녔을 것이다.

"자, 현재 수출입 팀에 엄청난 업무들이 쏟아지고 있는 것을 잘 알고 있습니다. 제가 이곳으로 파견 나오기 전부터 이야기를 들었습니다. 한편으로 보면 커다란 병목 현상이 여기서 일어나는 것이라는 생각이 들었지요. 그러니 우리가 할 수 있는 일들은 최대한 정리해서 저희 다섯 명이서 진행하고 할 수 없는 부분들은 담당 부서에 이야기해 자체적으로 처리하도록 업무 분담을 하고자 합니다. 이 상황에 대해서는 왈가왈부할 필요가 없다고 생각합니다. 그리고 다음으로는…."

입이 떡 벌어지는 프레젠테이션이 이어지고 있었다. PT의 달인인가? 아니 신인가? 말투부터 시작해서 몸짓까지, 거기에 깔끔하게 준비된 내용까지 어느 하나 나무랄 데가 없었다. 그런데 이러한 업무 분담 및 프로세스 정리를 바라보며 역시나 대리님과 선배의 눈빛은 달랐다. 대리님은 업무 과다의 부담을 느끼고 있는 것 같았고, 선배는 제대로 일을 배워야겠다는 투지를 더욱 불태우고 있는 것만 같았다. 하나의 주제가 던져졌지만 받아들이기에 따라 누구에게는 악마의 마음이고, 누구에게는 천사의 마음이었으리라.

PT는 정확히 15분 동안 이어졌다. 다들 무슨 일을 어떻게 해야 할지 쉽게 감이 잡혔다. 딱히 질문할 사항도 없었다. 나에게는 업무가 조금 더 늘었다. 타 부서를 찾아가 우리가 할 수 없는, 아니 하지 말아야 할 업무에 대해 전달하는 일이 있었는데 자료들만 정확히 정리하면 문제가 없을 것 같았다. 다른 팀에서도 수출입 업무가 정확하게 제 시간에 이루어져야 병목 현상 없이 해외 발주가 이루어진다는 점을 잘 알기에 어느 정도 감안해 주리라는 생각이 들었다.

회의가 끝나자마자 대리님과 함께 이야기를 나눈 후 이 팀저 팀 돌아다니며 상황을 설명했다. 다른 팀에서는 다들 새로 오신 나 대리님 이야기로 떠들썩했나 보다. "알겠습니다. 나 대리가 그렇게 정리했다고 하니 그렇게 해야지요. 할 수 없겠네요." "네, 걱정 마세요. 이미 이야기 들었으니까요. 전사적 비상

사태라고 하니 그에 따를게요. 그런데 나 대리가 그 팀으로 갔다고 하는데 계속 거기에 있는 건가요?" "우리 팀에 일이 좀 많아지겠지만 할 수 없죠. 거기서 정리가 되지 않으면 다른 곳들도 문제니까요. 잘 알겠습니다."

너무나도 쉽게 풀려나갔다. 우리끼리 붙들고 있을 때는 다들 눈치를 보며 어떻게든 우리에게 떠넘기려 했는데 지금은 팀들마다 아무런 저항 없이 다들 그대로 받아들이겠다고 했다. '뭐지, 이 상황은. 너무나도 당연하다는 듯 처리하는 이 상황은.' 어쩌면 내가 모르고 있는 것들이 있는지도 모른다. 아직 신입사원의 귀에까지는 들어오지 않는 무언의 비밀 같은 그런 이야기들. 분명 뭔가 있으리라. 하지만 우선 나는 거기에 신경 쓰기보다 새로운 업무에 적응해서 어서 이 회사의 직원이라는 소속감과 사명감부터 가슴속에 담아내고 싶었다.

내가 정확히 무슨 업무를 하는 사람인지 스스로 확인하고 싶었다. 그리고 내가 하는 업무를 모두가 인정해주었으면 하는 바람도 컸다. 그러려면 이번이 절체절명의 기회인지도 모른다.

많은 직장인들이 자신이 맡은 업무에 불만이 많다. 특히나 첫 직장에서 직장인 10명 중 9명이 취업한 지 1년 이내에 회사를 떠난다고 한다. 그중 가장 비중이 높은 이유는 업무 불만이라고 알려져 있다. 그만큼 자신이 하는 일에 대한 만족도가 낮다는 의미다.

취업률이 낮은데도 직장을 떠나는 사람이 많다는 아이러니가 계속되는 이유는 무엇일까. 무엇보다 직무보다 회사 간판을 보고서 취업을 하는 경향이 강하기 때문일 것이다. 더불어 취업을 했는데 막상 업무가 생각과 다른 경우도 있을 것이다.

물론 자신이 원하지 않은 일을 맡고 있는 것 자체가 부당한 상황일 수도 있다. 그렇지만 조금이라도 업무에 대한 이해가 있고 이 업무를 해야겠다는 마음이 있다면 한 번 도전해보는 것도 괜찮을 것이다. 회사를 옮긴다고 해서 반드시 답이 나오는 것은 아니다. 이는 수많은 직장인들이 강조하고 또 강조하는 점이다.

이직한다고 해서 딱히 더 나아지는 것이 없다는 현실을 모두가 너무 잘 알고 있다. 그렇기에 자신이 맡은 업무 안에서 즐거움을 찾는 것도 너무나도 지혜로운 대처가 될 수 있을 것이다. 더불어 기업만 보고 취업을 하려는 사람들에게 한마디 하고 싶어진다.

시계를 예로 들어보자. 대기업에서 직장인은 시계 속 부품 중 하나다. 즉 딱 그 하나의 일밖에 할 수 없다. 하지만 중소기업에서 일하는 사람은 지금 당장에야 이 일도 하고 저 일도 해야 하는 업무 과부하에 고민할 수도 있겠지만 시간이 지나서 독

립을 하거나 아니면 퇴사를 하고서 다른 일까지 할 수 있는 가
능성이 크기에 충분히 할 만하다고 받아들일 수도 있다.

　삶은 어떠한 관점에서 바라보느냐에 따라 천국이 될 수도,
지옥이 될 수도 있지 않을까.

모든 고귀한 일은 찾기 드문 만큼 하기도 어렵다.

- 바뤼흐 스피노자(Baruch de Spinoza)

1632년에 태어나 1677년에 사망한 바뤼흐 스피노자. 그는 참된 선, 최고의 행복, 진정한 자유와 해방을 추구했던 철학자의 삶을 살아왔다. 더불어 그러한 철학을 주장했다. 과학적인 지식을 중요시했으며 동시에 직관적인 체험을 존중하고, 전체론적 틀을 갖고서도 개체의 생명을 소중히 했던 그는 종교적이면서도 탈종교적이기도 했다.

그는 유대인이었지만 천사는 환상이며 영혼은 생명체 안에서만 존재한다는 견해를 드러내어 유대교 교리에서 벗어난다는 이유로 유대교회에서 파문을 당했다. 그는 이러한 말을 들어야 했다. '천사의 충고와 성령의 판단에 따라 우리는 스피노자를 파문하고 저주하며 율법에 따라 축출한다. … 그에게 밤낮으로 저주가 있을지어다. … 아무도 그를 도와서는 안 되고 같은 지붕 아래에서 그와 함께 기거해도 안 되며 그가 쓴 글을 읽어서도 안 된다.'

이러한 비난 속에서 그는 데카르트 철학을 비롯해 철학과 자연과학에 대한 조예를 길렀으며, 렌즈 가공 기술을 익혔다는 '전설'도 따라다녔다. 하지만 그의 생계는 주로 친구 및 지지자들의 돈으로 유지되었으며 풍족하진 않아도 가난에 시달릴 정도는 아닌 삶을 살았다고 한다. 또한 대부분의 수입은 책을 구입하는 데 썼다고 하니 철학과 지식을 향한 그의 갈구가 얼마나 컸는지 충분히 알 만하다.

오늘날 스피노자는 들뢰즈의 표현에 따르자면 '철학자들의 그리스도'라 불린다. 자기 내면에서 스스로 억압과 공포와 부정의 메커니즘을 작동시키면서 예속의 나락으로 굴러 떨어질 때마다 철학자들은 스피노자의 책을 펼쳐든다는 말이 있을 정도다. 그만큼 공포의 정서와 예속의 상태에 익숙했던 시대에 긍정과 자유의 철학을 생각하고 실천했던 그였기에 오늘날 우리가 마주하는 진실과 거짓 사이에서 무엇을 어떻게 행동해야 하는지에 대한 깨달음을 얻어나갈 수 있는 것이 아닐까.

우리 회사에도
차별 이슈가 있다

Chapter 4

미안합니다,
나도 이런 분위기는 처음이어서

많은 것이 바뀌었다. 약자의 목소리가 들려오기 시작했다. 사회는 점점 개개인의 아픔과 상처에 귀를 기울이고 있다. 참으로 올바른 방향으로 흘러가고 있다는 확신이 든다. 사실 나는 남녀의 구분 자체가 점점 모호해지고 있다는 점을 어릴 때부터 교육받아왔다. TV에서 가끔 "여자가 말이야…"로 시작하는 대화가 나오면 낯설게 느껴지곤 했다. 꼰대 같다는 생각이 들기도 했다. 차라리 "어디서 감히 네가…"라고 말하는 편이 사실적으로 느껴졌다.

　이런 고리타분한 생각은 건너 팀 부장님의 목소리를 통해 들려오곤 한다. 솔직히 옛날 분이시긴 하다. 그 당시에는 성평등이란 개념 자체가 모호했을 것이다. 유교사상을 뿌리에 두고서 남자가 대우받고 사회를 이끈다고 확신하던 때가 아니던가.

갑작스런 변화에 재빨리 적응하기에는 힘들 수 있다. 분명히 그렇다. 하지만 분명 틀린 것이다. 다른 것이 아니라 그것은 틀린 것이다. 그렇다면 노력해야 한다. '아, 이러한 행동이 틀린 것이었구나'라고 깨달아야 할 텐데, 부장님은 아직 그 깨달음의 길로 가기에는 한참 멀어 보인다.

"아니, 아무리 과장이라고 해도 말이야. 여자가 그렇게 대들고 난리 피워도 되는 거야?"

"파워포인트 정리는 아무래도 여직원들이 깔끔하게 잘하지 않나?"

"임 대리, 자네가 대신 좀 들어줘. 여자가 무거운 거 들고 어떻게 지나갈 수 있겠어."

부장님이 우리 층 모든 팀이 들으라고 말하는 것만 같은 이 세 문장은 분명 틀렸다. 부장님이 뭔가 잘못했으니 과장님이 난리를 피웠을 테고, 이것저것 다 떠나서, 지적하려면 난리 피운 것에 대해서만 지적해야지, 여자니 남자니 구분하는 것은 분명히 성인지 감수성이 부족하다고 할 수 있다. 파워포인트에 대한 멘트도 문제가 있다. 왜 여직원들이 더 깔끔하게 잘한다는 고정관념을 갖고 계신 것일까? 역시나 이는 잘못된 발언이다. 마지막으로 무거운 것을 옮기는 문제를 누군가는 아리송하게 받아들일 수도 있겠다. 남자니까 좀 들어줄 수 있는 것 아니냐고. 한편으로 보면 기사도 정신을 발휘한 발언일 수도 있다. 하지만 그 분도 분명 들 수 있으니 옮기려 했을 것이다. 어떻게 보면 과도한 오지랖일 수도, 참견일 수도 있다.

최근 임원들을 대상으로 이러한 교육이 늘고 있다고 들었다. 무지했던 사실을 깨우치고 이해해나가는 데 커다란 변화가 일고 있다는 생각이 든다. 하지만 부장님은 여전히 옛날 관념이 남아 있는 듯하여 씁쓸했다. 그런데 큰 사건이 벌어질 뻔했다. 역시나 나 대리님이 그 중심에 있었다. 과장님을 대신해 부장님께 결재 받으러 가신 상황이었다.

"나 대리. 그 팀에 남자들만 넷 있는데 너무 사람 잡는 거 아냐? 남자들이 버텨내겠어? 아무리 팀 효율이나 성과도 중요하지만 말이야."

"…."

"좀 쉬엄쉬엄해. 집에서도 그렇게 남편 들들 볶는 건 아니겠지? 집에서 하는 거 그대로 하는 거 아냐?"

"부장님. 그거 위험한 발언인 거 아시죠? 최근에 교육도 많이 받으신다고 들었는데 그 무슨 시대착오적인 발언인가요. 제

가 수출입 팀에 놀러온 것도 아니고 일하러 온 건데 집에서 하
는 일이랑 이것이 무슨 상관이 있는 거죠? 함부로 말씀하시면
크게 다치십니다."

"아니, 무슨 말을 그렇게 해? 그냥 농담한 거 가지고. 미안
해, 미안해. 결재 받았으면 어서 가. 괜히 생사람 잡고 난리야.
어서 가."

몇 년 전만 해도 이런 대화 자체가 성립될 수 없었을 것이
다. 그냥 농담으로 치부하고 여자 직원들은 불쾌함을 누른 채
계속 회사생활을 이어나가야만 했을 것이다. 차별과 불편함을
숨을 쉬는 것처럼 당연하게 받아들이면서. 하지만 변하고 있다.
이제 임원들 책상 위 책꽂이에는 '페미니즘'이라는 제목이 붙은
책들이 몇 권 꽂혀 있고, 'ㅇㅇ년생'이라는 문구가 붙은 책도 있었
다. 사내 임원 필독서였다.

그들이 사소하다고 여겨왔던 문제는 회사 전체의 이미지에
도 커다란 영향을 미칠 수 있다. 타 회사에서는 소송 이야기마
저 숱하게 불거졌다고 소문으로 들었다. 다행히 우리 회사는 그
런 상황에까지 접어들지는 않았다. 모두가 조심하고 모두가 신
경을 썼다. 그러다 보면 자연스레 일상이 되겠지. 역시나 숨을
쉬는 것처럼 말이다.

부장님의 발언은 당연히 문제가 크고 그런 사고방식이 한 순간에 세상 뒤집어지듯 바뀐 않을지 모르지만, 최소한 그 자리에서 사과는 했으니 그나마 발전이라 하겠다. 그러나 더 이상의 실수는 생기지 않아야 할 것이다. 이건 시나브로 변해야 할 문제는 아닐 테니 말이다. 사내에서는 성평등을 논하기 전에, 남자든 여자든 똑같이 입사해서 똑같이 일하는 같은 직원으로서 대우하고 대우받아야 할 것이다. 그런 풍토가 굳어질 때 회사의 이미지 및 생산성이 크게 오르지 않을까 감히 생각해본다.

역사를 통틀어 익명이란 여성을 뜻했다.

- 버지니아 울프(Virginia Woolf)

여성에게 최초의 선거권이 주어진 나라는 뉴질랜드였으며 그 시점은 1893년이었다. 이후 미국은 1920년, 영국은 1928년에 시행되었고, 한국에서는 1948년에 남녀 참정권이 보장되었다. 하지만 참정권이 보장되었다고 해서 평등하다고 단언할 수는 없다. 최근 벌어지고 있는, 그리고 여전히 뜨거운 이슈가 되고 있는 젠더 갈등을 들여다본다면 아직까지 이해하고 받아들여야 할 사항이 존재한다는 데 이의를 제기할 사람은 없을 것이다.

버지니아 울프의 문학은 모더니즘과 함께 페미니즘이라는 단어가 어김없이 함께한다. 더불어 그녀의 소설보다 더 사랑받고 있는 에세이 《자기만의 방》은 이렇게 시작을 알린다. '내가 할 수 있는 일이라고는 고작해야 별로 중요해 보이지 않는 한 가지 의견, 즉 여성이 픽션을 쓰기 위해서라면 돈과 자기만의 방이 있어야 한다는 의견을 제시하는 것입니다.'

1929년 출간된 지 약 90여 년이 지난 지금 상황에서 접근

해본다면 별것 아닌 것처럼 느껴질 것이다. 하지만 당시 시대 상황을 감안할 때 이러한 발언 자체는 엄청난 파장을 불러일으킬 문제가 될 수도 있었을 것이다. 대체로 남성은 자신의 우월함을 주장하고 여성의 열등함을 증명하는 데 주력해왔기 때문이다. 그러다 보니 언제나 여성은 희생양일 수밖에 없다.

사실 이 모든 상황을 고려해본다면 남녀의 문제는 어쩌면 휴머니즘의 문제가 아닐까 하는 생각도 조심스럽게 해본다. 결국 인간과 인간 사이의 관계 문제이기 때문이다.

열일곱 번째 말

"복사 좀 해 와요"의
나비효과

나 대리님이 우리 팀에 들어오고서 하루가 다르게 바삐 돌아가는 상황이 연출되고 있었다. 과장님과 나 대리님을 제외하고 우리끼리, 즉 최 대리님, 선배, 나 이렇게 셋만 주고받는 단체카톡방이 있는데 거기서 대리님은 언제나 죽기 일보 직전이라는 표현만 주구장창 쓰고 있었다. 너무 자주 듣다 보니 이제는 지겨워서 그 방에서 나오고 싶을 정도였다.

'아, 힘들어도 너무 힘들어. 아무리 그래도 이건 너무 한 게 아닌가 싶어. 자기가 우리 팀장이야 뭐야. 아무리 TF 팀으로 구성되어 바쁘게 돌아간다고 해도 일이 너무 많아서리 이거야 원.'

'그러게요. 대리님. 힘내세요. 그래도 업무를 차근차근 정

리해볼 수 있는 기회인 거 같기는 하더라고요.'

늘 이런 분위기였다. 최 대리님은 불평불만, 선배는 뭔가 기대하는 눈치. 그리고 그 기대가 어느 정도 충족되고 있는 상황이었다. 나야 아직까지 신입 취급이라 업무 지시가 떨어지면 그에 맞는 일을 차근차근 해나갈 뿐이지만, 그래도 나 대리님은 언제나 업무 상황을 체크하고 내가 할 수 있는 일인지 아닌지를 본인만 알고 일을 건네는 것이 아니라 꼭 나에게 물어보았다. 알 듯 말 듯 하지만 이 팀에서 내가 필요한 사람이라는 자존감과 함께 소속감마저 예전보다 높아진 듯한 기분이었다. 그래서 아무리 바빠도 효율적으로 일 처리가 이루어지고 있는 지금이 더 마음에 들었다. 물론 퇴근 시간도 크게 차이가 나지 않았다.

"저기, 이거 복사 좀 해줘."
"네, 알겠습니다. 몇 부나 필요하세요?"
"다섯 부만 해주면 좋겠는데."

"네"라고 대답도 하기 전에 날카로운 비수처럼 날아드는 멘트가 있었다. 내가 신입이자 막내이기 때문에 당연히 내가 그 일을 해야 한다고 다들 생각하고 있었을 것이고 나 역시 그냥 으레 그러려니 하는 마음에 대답을 했다. 그런데 그 당연하다는 분위기를 깨뜨리는 색다른 외침이 들려왔다.

"대리님. 이건 아니죠. 본인이 해야 할 일 아닌가. 신입사원이라고 해서 복사를 시키면 문제가 좀 있지 않나요? 요즘 사내에서 인권 및 평등 교육이 강화되고 있는데 이러한 행동은 좀 곤란해요."

"늘 하던 거잖아요. 제가 나 대리님에게 시킨 것도 아니고. 문제없잖아요."

"아니죠. 자신의 일은 자신이 하는 거 아닌가요? 본인도 윗분들이 복사 해 와라, 짐 좀 날라라, 커피 타 와라, 이런 거 시키면 싫지 않았을까요?"

"그, 그건, 그렇지만. … 알았어요."

"네, 빠르게 잘못을 인정하시고 행동하시는 모습이 좋습니다. 업무가 많으니 다들 자기 일에 더 집중할 수 있도록 되도록이면 부하직원한테 궂은일 시키지 않았으면 좋겠습니다."

이 상황에서 역시나 과장님은 묵묵부답이다. 그럴 거라고 생각은 했지만. 그리고 보니 내 입장에서는 다행이다 싶었다. 더 이상 잡일을 하지 않아도 되니 말이다. 물론 나 역시 업무에 집중하는 와중에 그런 일 시키면 집중력도 깨지고 좀 귀찮기는 하다. 그런 생각을 하고 있는데 예상대로 단톡방에 글이 올라 왔다.

'지가 뭔데 이래라 저래라야. 부탁 좀 할 수 있지. 나한테 부탁하기만 해봐라, 내가 아는 척이라도 하나 봐라.'

'…'

선배와 나는 그 문장에 답변을 하지 않았다. 아니 읽지 않았다고 하는 편이 맞겠다. 일이 많아서 읽을 만한 여유도 없었지만 어떤 내용이 올라왔을지 뻔했기 때문이다. 누군가에게는 별것 아닌 복사 요청이겠지만, 그 요청을 받는 사람은 업무 리듬이 깨지기 쉽다. 개구리에게 작은 돌멩이를 던졌다고 생각했는데 개구리 입장에서는 집채만 한 바위가 날아오는 것처럼 느낄 수도 있을 것이다.

나 대리님이 우리 팀에 오고 나서 업무 처리의 효율성뿐만 아니라 직장인으로서의 마인드 자체가 변화하고 있다는 느낌이 들었다. 물론 좋은 방식으로 변화하고 있어서 신입사원의 입장에서는 더없이 즐겁기만 하다. 최 대리님께는 미안하다는 생각도 들었지만 이제 정말 직장인으로서 업무에 좀 더 집중할 수

있는 여건이 되었기에 나 대리님의 입성에 대해 마음속으로는
물개박수를 치고 있었다.

다른 사람에게 받은 상처는 모래 위에 기록하고
다른 사람에게 받은 은혜는 대리석 위에 새겨라.

- 벤저민 프랭클린(Benjamin Franklin)

1706년 미국에서 태어난 벤저민 프랭클린은 13남매 중 10번째였고, 아들로서는 막내였다. 형제자매가 너무 많았기 때문에 가업을 물려받을 가능성이 없음을 일찌감치 깨달은 그는 먹고 살 길을 스스로 개척해야만 했다. 정규교육은 8세부터 2년간 학교에 다닌 것이 전부였으며 이후는 독학을 통해 지식을 쌓아가기 시작했다.

프랭클린을 지적하는 이들은 종종 체계적인 공부를 하지 못한 까닭에 깊이가 없다는 이야기를 하곤 한다. 하지만 그는 기성 학문의 울타리에 갇혀 있지 않고 늘 자유롭고도 독창적인 발상과 시각을 유지해왔기에 오늘날 어떠한 이론보다 실용성에 있어서 최고로 인정받고 있다.

그는 어려운 환경 속에서도 직접 인쇄소를 차렸으며 지역사회를 위한 도서관과 소방대 및 대학교 등을 설립하기도 했다.

1748년 40대 초반의 나이로 사업에서 은퇴한 이후 과학 연구에 열중하여 난로를 발명하기도 했고, 전기에 지대한 관심을 갖기도 했다. 그는 평생 '어떤 용도로도 쓸 수 없는 철학이 무슨 의미가 있겠는가?'라는 실용적인 사고방식 아래 수많은 발명품을 만들기도 했다.

'그는 하늘에서 번개를 훔쳤고, 군주에게서 권위를 빼앗았다'라는 업적을 통해 세계 최초, 미국 최초라는 수식어를 갖고 살아온 팔방미인이자 최고의 르네상스맨이었다. 더불어 그가 이야기하는 13가지 삶의 덕목은 여전히 많은 사람들에게 귀감이 되고 있는데, 그 덕목들은 바로 '절제, 침묵, 질서, 결단, 검약, 근면, 성실, 정의, 온건, 청결, 침착, 순결, 겸손'이다.

벤저민 프랭클린이 남긴 서두의 명언과 관련해 흥미로운 일화가 있다.

어느 두 사람이 사막을 걷고 있었다. 그러다가 문제가 생겨서 서로 다투게 되었다. 한 사람이 다른 사람의 뺨을 때렸다. 맞은 사람은 기분이 나빴지만 내색하지 않았다. 그는 모래에 이렇게 적고 그냥 넘어갔다. '오늘 나의 가장 친한 친구가 나의 뺨을 때렸다.' 둘은 오아시스가 나올 때까지 다시 사막을 걸었다. 마침내 오아시스에 도착한 두 사람. 그곳에서 목욕을 하기로 한다. 뺨을 맞았던 사람이 목욕을 하려다가 늪에 빠지게 되었는데 그

때 뺨을 때렸던 친구가 그를 구해주었다.

　늪에서 빠져나왔을 때 이번에는 돌에 이렇게 썼다. '오늘 나의 가장 친한 친구가 나의 생명을 구해주었다.' 그를 때렸고 또한 구해준 친구가 의아해하며 물었다. "내가 때렸을 때는 모래에 적더니 왜 구해주고 나니 돌에 적는 것인가." 친구는 대답했다. "누군가가 우리를 괴롭혔을 때 우리는 모래에 그 사실을 적어야 한다네. 용서의 바람이 불어와 그것을 지워버릴 수 있도록. 그러나 누군가가 우리에게 좋은 일을 하였을 때라면 돌에 새겨야 한다고 생각해. 그래야 바람이 불어와도 영원히 지워지지 않을 테니까."

열여덟 번째 말

책은 책이고,
현실은 현실이다

웬일로 한 시간 일찍 출근길에 나섰다. 효율성이 높아지고 커뮤
니케이션이 원활하게 이루어지는 상황에서 업무가 계속 이어지
다 보니 일은 산더미인데 칼퇴를 하는 놀라운 경험을 하게 되었
다. 나만 칼퇴도 아니었다. 모두가 칼퇴인 놀라운 순간이었다.
어제 오후 5시 30분쯤 과장님과 나 대리님이 회의를 하고 나오
시더니 갑자기 칼퇴 선언을 했던 것이다.

　　"어쩜 이런 일이 다 있나요. 얼마 만의 정시 퇴근인가요. 막
상 이렇게 퇴근하게 되니 뭘 해야 할지 난감하네요. 다들 회식
이나 할까요?"
　　"아직 화요일인데 회식을 하기에는 부담스러우니 각자 편
히 휴식을 취하는 게 나을 거 같아요. 얼른 댁으로 돌아가서 푹

쉬세요. 내일이라고 일이 없는 건 아니니까요."

"네, 좋습니다. 칼퇴인데 뭐든 안 좋겠어요."

사실 주 52시간 근무를 감안하면 야근은 안 되는 일이건만 다들 대체휴가를 받기로 합의하고서 늦은 시간까지 파이팅을 외치며 업무를 이어갔다. 새로운 변화가 두려워 다들 처음에는 주저하고 걱정 근심이 많았지만 이제는 어느 정도 적응이 되어서인지 안정적인 하루하루를 이어나가고 있다.

나 역시 무슨 업무를 하는 직장인인지 이제는 느껴가고 있었다. 말 그대로 어엿한 직장인이 된 것이다. 조금씩 인정도 받고, 정확한 업무가 주어지니 만족감과 성취감도 커졌다. 자존감도 슬슬 탄력이 붙기 시작했다. 이래서 칭찬은 고래도 춤추게 하는가 보다.

아침 8시경, 지하철 안은 여전히 사람들로 붐볐다. 도대체 몇 시부터 지하철은 사람들로 붐비기 시작할까. 그동안은 출근 시간에 쫓겨 여유롭게 이러한 고민을 해본 적이 없었다. 그냥 지옥철을 탈출하고 싶다는 생각뿐이었다. 그런데 오늘은 좀 달랐다. 간만에 여유를 갖고서 잠들었고 기분 좋게 침대에서 기상했더니 뭔가 다른 하루를 선물 받은 기분이었다.

입사해서 처음으로 여유를 가질 수 있었던 것이다. 그 전까지는 늘 긴장의 연속이었다. 그러다 보니 어깨도 아프고, 목은 결리고, 손목은 터널증후군에 걸린 것처럼 뻐근했다. 열심히 일한 뒤 주어진 이 아침이 뚝뚝 떨어지는 꿀맛 같았다. 딱히 꿀을 좋아하지도 않는데 그런 기분이었다.

벌써 회사 근처까지 왔다. 어제까지는 저 문을 통과하려고 발걸음이 빠르다 못해 후다닥 뛰어야 했는데 오늘은 그 옆의 프랜차이즈 커피전문점으로 찬찬히 걸어 들어갔다. 창가의 빈 테이블에 앉았다. 이곳도 사람들로 꽤나 붐볐다. 노트북을 꺼내 들고 열심히 무언가에 열중하고 있는 사람, 직장 동료인 듯한데 서로 마주보고 꺄르륵 웃으며 이야기를 나누는 사람, 아침식사를 꼭 해야 하는 것인지 우걱우걱 샌드위치를 씹는 사람까지 다양한 사람들이 아침 풍경을 엮어가고 있었다.

뜨거운 아메리카노를 한 잔 주문하고서 테이블로 돌아왔다. 그리고는 창가를 멍하니 바라보다가 스마트폰을 꺼내어 어제 통화했던 옛 스터디 멤버와의 대화 내용을 떠올렸다. 그는 아직까지 취업을 하지 못하고 있다고 했다. 자신은 반드시 굴지의 S기업을 가야겠다며 투지를 불태우고 있었다. 다른 기업은 도무지 성에 차지 않는다고 했다. 그렇게 열심히 했는데 왜 자꾸 떨어지는지 모르겠다며 신세한탄을 늘어놓았다.

이럴 때는 응원해준답시고 뭔가 말을 꺼내었다가 도리어 상처만 줄 수 있다는 생각에 계속 경청하기만 했다. 그의 불만에 맞장구도 쳐주고, 그의 다짐에 파이팅을 두 번 세 번 함께 외쳐주었다. 갑자기 그가 슬쩍 물었다. 나도 그동안 잊고 있었던 이야기였다.

"기대했던 회사보다 눈높이를 낮춰서 취업하신 거잖아요. 괜찮으세요? 뭔가 손해 본다는 느낌이 들거나 아쉽다거나 여전히 처음에 계획하셨던 거기에 가야겠다는 생각이 들거나 그러진 않으세요?"

뭐라고 답해야 할까. 사실 돌이켜보면 입사 초반에는 내 회사 같지 않고 잠시 스쳐지나갈 곳이라는 변명과 핑계만 머릿속에 가득했다. 내 책상이라고 되어 있는 저 자리가 내 몸에 맞지 않는 듯했고 명함이 있건만 곧 없어질 것이라는 착각 아닌 착각을 하고 있었다. 그런데 막상 제대로 된 업무가 주어지고, 상사와 동료의 인정과 질책, 즉 당근과 채찍이 합리적으로 이어지니 충분히 만족스럽고 행복했다. 그래, 행복했다. 나도 뭔가 잘 해낼 수 있는 사람이라는 기분이 지난 몇 주간 들었으니까.

"처음에는 좀 그랬던 거 같지만 지금은 괜찮아요. 내가 해야 할 일이 무엇인지 확실해졌거든요. 하다 보니 적성에도 맞는 거 같아요. 누군가 그랬던 거 같아요. 사회생활을 하다 보면 일하는 것 때문에 힘든 것보다 인정받지 못하고, 팀 내 다른 직원들과 어우러지지 못했을 때 더 힘들 거라고요. 그래서 대기업에 입사한 신입사원들의 이직률과 퇴사율이 생각 이상으로 높다고 하잖아요."

수화기 저편에서는 딱히 뭐라 반박도 없었다. 무안할 정도로 찰나의 빈 시간만 주어졌다. 그리고 그는 급하게 전화를 끊었다. 약 5분 정도 후 카톡이 울렸다. 예상했던 대로 그에게서 왔다.

'그래도 전 반드시 S사에 입사할 거예요. 열 번 찍어 안 넘어가는 나무가 없다고 했으니 열 번, 아니 스무 번이라도 찍어 볼래요. 네가 이기나, 내가 이기나 해보려고요.'

난 그에 대해 답하지 않았다. 본인의 결정일 테니 뭐라고 할 수도 없었고 뭐라 해봐야 의미 없는 공허한 멘트일 뿐이었을 것이다.

커피가 나왔다며 직원이 나를 연신 부르고 있었다. 커피를 가지고 테이블에 다시금 앉았다. 창밖을 바라봤다. 날씨는 더없이 상쾌했다. 햇살이 창문을 넘어 나의 얼굴로 마구 쏟아져 내렸다. 커피를 한 모금 삼켰다. 이렇게나 여유 있게 커피를 마실 수 있다니.

머핀이나 스콘을 하나 주문하려다 그만두었다. 익숙하지 않은 것들에 대한 주저함이라고나 할까. 늘 아침을 먹지 못했는데 이렇게 갑자기 아침을 먹게 되면 속에서 반란을 일으킬지 모른다. 인생이 다 그런 것 같다. 갑작스레 뭔가를 바꾸려 한다면 쉽지 않을 것이다. 하지만 어느 순간 그에 익숙해지면 언제 그랬냐는 듯 숨을 쉬는 것처럼 일상의 한 부분이 되어버릴 것이다.

그간 많은 책들을 통해 직장생활의 모습들을 상상해왔다. 즐거운 면, 괴로운 면, 합리적인 면, 불합리적인 면 등을 머릿속에 꾹꾹 심어왔다. 수학 공식처럼 이 상황에서는 이렇게 대처하고 저 상황에서는 저렇게 대처하고 하는 방안들을 고민하고 또 고민했었다. 하지만 인생은 수학 공식이 아니었다. 책에서 말하는 그대로 정답을 내주지 못했다. 내가 겪으며 내가 고민하고 내가 내린 결정이 필요할 뿐이었다. 책은 길잡이 정도였다.

갑자기 어느 개그 프로그램에서 외치던 말이 생각났다. '개

그는 개그일 뿐 오해하지 말자.' 우리네 인생이라고 해서 개그와 뭐가 크게 다를까. 테이블에 앉아 생각해보니 뭔가 깨닫는 바들이 생겼다. 혹시나 해서 스마트폰에서 시간을 확인해보았다. 이제 8시 40분. 아침의 여유가 이렇게나 큰 것이었단 말인가. 새로운 깨달음이었다.

　슬슬 회사로 가봐야겠다. 후다닥 뛰어서가 아니라 너털너털, 성큼성큼 나답게 걸어가면서. 커피를 다 마셔도 충분히 여유가 있을 것만 같은 어느 맑은 아침 시간의 설렘이었다.

이미 끝난 일을 말하여 무엇 하며
이미 지나간 일을 비난하여 무엇 하리.

- 공자

　춘추시대 노나라 임금 애공哀公은 공자의 제자 재아宰我에게
'사社'에 대해 질문을 했다. '사'는 천자가 나라를 지켜주는 수호
신에게 제사를 지내는 제단을 말하는데 제단 주위에는 나무를
심게 돼 있었다. 재아는 임금의 질문에 대답을 하고는 다음의 설
명을 덧붙였다.

　"하후씨는 사에다 소나무를 심었고 은나라는 잣나무를,
주나라는 밤나무를 심었습니다. 밤나무를 심은 까닭은 백성들
로 하여금 두렵게 만들고자 한 것이었습니다." 재아는 밤나무를
나타내는 '율栗'을 두렵다는 뜻의 '율慄'과 연관 지어 백성들을
두려움에 떨게 하기 위해 주나라가 그런 것이라고 설명했다. 그
런데 하·은·주 세 나라가 각기 다른 나무를 심은 것은 그 지방의
토질에 맞는 나무를 심은 것일 뿐 다른 뜻은 없었다. 재아가 혼
자 엉뚱한 해석을 하고 만 것이다.

이 말을 들은 공자는 가뜩이나 백성을 사랑할 줄 모르는 애공이 재아의 말을 그대로 믿고 공포정치를 할까 봐 두려운 생각이 들었다. 이에 재아에게 다음과 같이 타일렀다. "이미 이뤄진 일은 말하지 않고(성사불설·成事不說), 끝난 일은 간하지 않으며(수사불간·遂事不諫), 지나간 일은 탓하지 않는다(기왕불구·旣往不咎)."

공자는 재아가 비록 큰 잘못을 범했지만 뱉어버린 말은 어떻게 할 수 없는 것이기에 이를 계속 들춰내 거론하는 것은 바람직하지 않다고 생각했다. 이에 '말은 깊게 생각하고 해야 한다'는 교훈을 담아 점잖게 꾸짖되 재아의 잘못은 더 이상 거론하지 않았다.

현재 한국 사회에서 고전을 논할 때 1순위로 꼽히는 책은 《논어》일 것이다. 다양한 해석과 함께 직장생활을 지혜롭게 이어나갈 필독서로 널리 소개되고 있다. 많은 이들이 《논어》를 공자가 직접 집필했다고 오해하곤 한다. 하지만 이는 사실이 아니다. 이 책의 집필자에 대한 가설은 여러 가지가 존재한다. 오직 한 가지 확실한 점은 유가의 시조인 공자와 그의 제자들이 주고받은 대화를 적어놓았다는 점이다. 즉 공자의 어록이라는 사실에는 변함이 없다.

그의 어린 시절은 결코 안정적이지 못했다. 아픔과 상처, 그리고 가난 속에서 어떻게 그러한 철학과 인품을 품을 수 있었는지 놀랍기만 하지만 그는 주나라 관제와 예법을 꾸준히 공부하면서 예禮 전문가로 유명해지기 시작했다. 이후 중국 춘추전국시대 사회 혼란을 도덕성의 타락으로 보고서 이를 극복하기 위해 인仁을 강조하기도 했다. 공자는 인仁을 통해 사람이 사람답게 살아야 하고 예절과 본분을 지켜야 한다고 주장했다. 그래서인지 《논어》에는 이 단어가 무려 106번이나 등장한다.

출신 성분, 사회적 지위를 상관하지 않고 제자들을 받아들인 공자의 사상은 지금에야 너무나도 당연한 생각이지만 당시에는 매우 혁신적인 발상이었다. 그래서 그의 사상은 사람을 아우르고 다양한 방향으로 정립될 수 있었던 것이다. 또한 유교적 합리주의를 통해 현세주의와 인문주의의 길로 이어졌다.

열아홉 번째 말

굿바이,
착한 엄마

완벽한 자기관리로 명성이 자자한 나 대리님. 오늘도 우리 팀원들 중에서 가장 먼저 출근하여 사무실 분위기를 예열시켜놓고 계신다. 다른 팀에서 온 파견 사원 정도로의 대접은 이미 끝났다. 팀의 핵심 멤버로서 굳건히 해야 할 일을 멋지게 진행하고 있으니 그 누구도 차별하지 않는다. 한식구임이 명백하다.

　　그러던 어느 날 아침, 쌀쌀맞은 느낌이긴 해도 언제나 팀원들에게 "좋은 아침", "굿모닝"을 건네던 나 대리님인데 아무런 반응이 없었다. '무슨 일이지?' 하는 생각이 들었다. 그러다 갑자기 스마트폰을 들고 자리에서 일어나 바깥으로 나가더니 한참이 지나서야 자리로 돌아왔다. 그런데 언뜻 스친 모습이긴 하지만 눈물이 그렁그렁해 보였다. 정말 무슨 일이지 싶었다. 하지만 워낙에 개인적인 일을 표 내지 않는 성격인지라 딱히 물어보기도 뭐해서 그냥 내 일에만 집중했다.

점심시간이 되었다. 식사하러 어디로 갈 건지를 묻는 건 여전히 내 몫이지만 이제는 그냥 일상이려니 하고 만다. 좀 귀찮기는 하지만, 그래도 점심시간이 되자마자 일을 하다 말고 확인하곤 했는데 이제는 누군가 "식사 안 하세요?"라고 물어야 나도 스멀스멀 자리에서 일어나며 "오늘은 어디로 갈까요?" 정도로 되묻곤 한다. 이건 다 나 대리님 덕분이다. 하루아침에 완벽한 평등을 이뤄낼 수는 없겠지만 신입사원에게 허드렛일을 시키지 말아야 한다고 두 번 세 번 열 번 강조하셨던 분이라 이 정도도 감사하다는 생각이었다.

그런데 사실 나를 위한 배려도 있었겠지만 다른 한편으로는 자신의 신념이자 회사의 부조리를 고쳐나가고자 하는 마음이었을 수도 있다. 그래서 고마움과 함께 대단하다는 생각이 교차하고 있었다. 그렇게 강해 보이던 나 대리님이 무슨 일인지 개인적인 감정을 드러내고 계시니 신경이 쓰일 수밖에 없었다. 그렇다고 묻기도 참 애매하고.

식사하러 나가려는데 나 대리님은 일이 많아서 가지 않겠다고 했다. "도시락이나 김밥이라도 사다 드릴까요?" "아니, 괜찮아요. 배고프면 제가 직접 사다 먹을게요." "네, 알겠습니다." 과장님, 최 대리님, 선배, 나 이렇게 넷은 점심식사를 뭘 할지 구시렁거리며 자리에서 일어났다.

회사 건물 밖으로 나가려는 찰나 '아차, 지갑을 두고 왔네. 스마트폰이랑' 하는 생각이 퍼뜩 머릿속을 스쳐지나갔다. "선배, 죄송한데 지갑이랑 폰을 두고 와서요. 얼른 다녀오겠습니다. 식당 먼저 도착하시면 저도 똑같은 거 시켜주세요. 김치찌개 2인분, 찜 2인분 이렇게 시켜주셔도 좋구요. 다 같이 먹을 거라면요." 확실히 이렇게 말을 건네는 것도 예전과는 달리 편안해졌다. 어렵지도 않고, 부담도 없었다. 나도 이제 한식구가 되었다는 생각이 들 정도였다.

사무실로 들어섰다. 나 대리님은 자리에 앉아 뒤돌아서 전화 통화 중이었다. 그런데 지갑이랑 폰을 들고 나가려다가 훌쩍거리는 소리를 들었다. "아니, 애가 아프긴 하지만 우리 엄마가 옆에 있으니 괜찮은데 왜 자꾸 나보고 병원에 가라고 하는 거예요." "물론, 알죠. 엄마가 옆에 있어야 아이에게 좋다는 거. 그런데 지금 상황이 그게 아니잖아요. 그럼 아빠가 옆에 있어야 좋다는 생각은 안 해봤나 보죠. 왜 이렇게 말도 안 되는 억지를 부리는 거예요."

이런 대화가 이어지고 있었다. 딱히 들으려 한 건 아니었는데 나도 모르게 듣고 있었다. 얼마 뒤 대리님이 180도 돌아서 본인 컴퓨터를 보려다가 나와 눈이 마주쳤다. "저, 지갑이랑 전화를 두고 와서요. 다시 나갈 거예요." 대리님이 아무 일 없었다는 듯 다시금 마음을 다잡으려고 하는 모습이 보였다. 안타까웠다. 말로만 들었지, 인터넷에서만 봤지, TV에서만 확인했지 워킹맘으로 산다는 것은 정말 쉬운 일이 아니구나 하는 생각이 들었다.

본인의 커리어를 빼고 생각할 수도 없고, 워킹맘이라고 마냥 회사에 권리를 요구할 수도 없을 것이다. 남들에게는 아무렇지 않은 척해야 할 텐데 그래야 그들에게 미움 받거나 편견을 주지 않을 텐데 사람의 마음으로 어디 그게 쉬운 일일까 싶었다.

인터넷으로 뉴스를 뒤적이다 보면 해외 기업들은 워킹맘을 위해 다양한 프로그램을 도입해 인재가 회사를 떠나지 않을 수 있도록 적극 돕는 것으로 알고 있다. 회사 내에 탁아소도 있고, 놀이방도 있고, 일정 기간 재택근무도 허용하고, 양육비를 회사에서 부담하는 등 여러 가지 방법들이 워킹맘에게 큰 도움이 되곤 한다. 하지만 아직 우리 사회는 그만큼 체계적이면서도 편견 없는 시스템이 갖춰지지 않았음을 인정해야 할 것이다.

사회적인 시선 자체도 변해야 할 것이다. 여전히 '양육은 여자가'라는 사상이 뿌리 깊게 박혀 있으니 그것부터 바뀌어야 함은 더 말할 것도 없다. 하나씩 차근차근이 아니라, 틀린 것은 빠르게 고쳐야 한다. OECD 최저 출산율만을 탓할 것이 아니라 그에 맞는 제도와 인식이 개선되어야 하지 않을까 하는 생각이 든다.

　나 대리님이 어떠한 결정을 내릴지 알 수는 없지만 내 입장
에서는 계속 함께 일을 해나갔으면 한다. 그러려면 '굿바이, 착
한 엄마'라는 굴레를 메야 할 것이다. 하지만 똑 부러지는 성격
에 일을 이렇게나 잘하는 인재를 마냥 그렇게 몰아붙일 수도 없
다. 회사의 입장에서는 커다란 손실일 테니. 우리 회사에는 워
킹맘을 위한 어떠한 제도들이 있는지 궁금해진다. 물론 나 대리
님은 이미 어느 정도까지 가능할지 다 알고 있겠지만 다른 남자
사원들도 인지하고 있어야 하지 않을까 싶었다. 그래야 지속가
능한 변화가 일어날 테니까.

　갑자기 전화가 울렸다. 선배였다. '앗, 늦었네.' "안 올 거야?
찌개 나왔어. 우리끼리 다 먹는다. 모자라다고 뭐라고 하지 마."
"네, 죄송합니다. 얼른 갈게요. 여기저기 찾다가 겨우 발견해
서 들고 갑니다. 제 것도 좀 넉넉히 남겨주세요. 다 드시지 말고
요." 얼른 사무실을 빠져나와 식당으로 후다닥 뛰어간다. 출근
길 못지않게 열심히 달려간다.

서로의 본성이 다르다는 사실을 무시하기 때문에 남자는 여자에게 남자처럼 생각하고 반응하기를 기대하고, 여자 역시 마찬가지이기에, 온 세상은 오해와 사고와 문제로 가득한 것이다. 그러므로 남녀가 서로를 이해하지 못한다는 사실을 이해한다면 서로를 이해하기 시작할 수 있을 것이다.

- 마르코 폰 뮌히하우젠(Marco von Münchhausen)

BMW, IBM 등 굴지의 세계적인 기업에서 자기계발 강사 겸 트레이너로 활동 중인 마르코 폰 뮌히하우젠은 똑같은 일을 겪어도 사람들의 반응이 각기 다른 점에 주목해왔다. 짜증을 내거나 화를 내기도 하고, 슬픔에 빠져 허우적거리기도 하고, 통증이나 무기력을 호소하기도 한다. 이런 기분에 휩싸이면 자꾸 그런 분위기에 휘둘리게 되기 때문에 처음부터 조심해야 할 필요성을 강조한다.

인생을 꼬이게 만드는 나쁜 감정에 휘둘리지 않으려면 스스로 느끼는 감정 그대로를 받아들일 수 있어야 한다. 그러고는 감정을 객관화하여 바라봐야 한다는 것이다. 물론 쉽지 않은 일이다. 우리의 두뇌는 그렇게 시스템적으로 원하는 것 그대로 따를 수 없기 때문이다. 과거에 당했던 사건을 떠올리기도 하고, 미래에 어떻게 될지 불안해하거나 두려워하기도 한다. 즉 '만약에 혹시라도…'와 같은 걱정과 고민 속에서 실제 상황이 아닌데도 그렇게 상상을 하며 상황을 더욱 나쁘게 만들 뿐이다.

인간은 그 자체로 다른 존재이기에 서로를 향한 부정적인 시각보다는 오히려 '다르다'는 사실을 객관적으로 받아들이고 이해한다면 일상에서 괜한 트러블은 생기지 않을 것이다. 자신만이 옳다고 믿는 독단적인 사고방식 때문에 분쟁이 생기고, 오해가 생기는 것이 아닐까? '다름'을 올바르게 바라보는 시각만으로도 상대를 이해하고 받아들이는 데 커다란 도움이 될 것이다.

스무 번째 말

평등을 가장한
검은 진실

남녀 월급 차이, 임원 진급 가능성 등 남녀의 차별을 이야기하는 주제는 매년 숱하게 TV에서, 회사에서, 심지어 술자리에서도 거론되어왔다. 성별에 따른 차별을 줄이자며 '페미니즘'이라는 단어가 올해의 유행어처럼 들불 번지듯 퍼져 나갔다. 차별 없는 세상, 모두가 평등한 세상을 꿈꾸는 모습은 더없이 아름답다.

하지만 계약직 노동자의 문제는 차별을 이야기할 때 언제나 번외로 빠져 있는 느낌이다. 노동권을 외치는 수많은 단체에서도 계약직 노동자들을 위한 처우 개선에는 한 발 빼고 있는 듯하다. 물론 자신들의 입지를 외치기에도 빠듯할 것이라는 점을 충분히 이해한다. 하지만 함께 일을 하고 있는 누군가가 아니던가.

분명 회사에는 계약직이거나 파견직이거나 일용직인 분들

이 많이 계신다. 우리 회사라고 해서 예외는 아니다. 회사 안에 은근한 암묵적인 계급이 존재하는 것만 같다.

우리 팀에 가끔 통계 자료를 전달해주러 오는 영미 씨는 파견직 사원이다. 근로계약을 우리 회사와 한 것이 아니라 파견직 사원을 관리하는 회사와 했다. 그 회사가 우리 회사와 계약을 한 것이다. 우리 팀에 올 때마다 늘 주눅이 들어 있는 듯한 표정이라 매번 마음이 좋지 않다. 회사에 다니고 있지만 이곳에 소속되어 있는 것이 아니어서 소속감이 들지 않을 것이다. 일은 많이 하는데 월급은 적고 부당함에 대한 처우 개선 발언도 제대로 할 수 없으니 자존감도 많이 떨어져 있을 것이다.

모두들 영미 씨를 흘러가는 공기처럼 취급할 뿐이다. 딱히 인사를 나누는 사람도 없고, 왔냐고 웃어주는 사람도 없다. 그냥 오면 오는 대로 가면 가는 대로 그 누구와도 인간관계로 연결되어 있지 않다.

어느 날 우리 팀에 왔을 때 내가 말을 걸었던 적이 있었다. "영미 씨 안녕하세요. 오늘도 바쁘신가 봐요." "…. 네." 퉁명스러운 답변이 넘어왔다. 그러고는 더 이상의 대화는 이어지지 않았다. 과연 일과 중엔 누구와 이야기를 나눌까. 이 회사에 이야기를 나눌 사람은 있는 걸까. 그러고 보니 영미 씨의 책상이 어디에 있는지도 모르겠다.

우리는, 아니 인간은 자신을 향하는 부당함에 대해서는 고민하고 불평하고 고쳐야겠다고 마음먹곤 한다. 하지만 타인이 겪는 부당함이 내가 겪는 것보다 더욱 큰데도 그냥 무시하고 넘어가는 경우가 많다. 내 앞가림하기에도 벅차다는 이야기를 하면서 말이다. 그렇더라도 왜 타인의 그러한 목소리조차 들으려 하지 않는 것인지 모르겠다.

다수의 사람들이 모여 있는 곳이라면 분명히 소수의 어려움이 존재하기 마련이다. 그런데 현미경으로 들여다보면 그 소수 중에서도 소수, 더욱 미세한 소수까지 아픔과 상처를 품고 살아간다. 소수가 다수가 되어버려 자신보다 소수들의 모습을 바라볼 여유를 갖지 않는 것이다. 그런 뫼비우스의 띠와 같은 동어반복이 마음 아프다.

영미 씨를 보면서 그런 생각이 많이 든다. '직장인의 처우 개선'이라는 표현은 과연 올바른 말일까. 정직원의 처우 개선을 위해 그들은 애를 쓰는 것은 아닐까. 계약직, 파견직, 일용직 더불어 아르바이트생들까지 모두들 노동자라는 테두리 안에서 보호받고 존중받아 마땅하다. 그렇기 때문에 우리는 조금 더 아래를 향하는 시선을 놓치지 않아야 할 것이다.

며칠 후 영미 씨가 다시 우리 팀에 자료를 전달하러 왔다. "저, 이거 드시고 하세요. 늘 바빠 보이세요." 나는 건강보조제를 건네며 활짝 웃었다. 내 얼굴을 슬쩍 쳐다보던 영미 씨는 받아야 할까 말아야 할까 고민하는 눈치였다. 하지만 내가 계속 팔을 뻗자 "고맙습니다. 잘 마실게요" 하는 말과 함께 빙그레 웃어 보였다. 잘은 모르지만 이 말이 오늘 영미 씨가 이 회사에서 나눈 최초의 한 마디일지도 모른다는 생각이 들었다. 다음부터라도 더욱 따뜻하게 맞아주어야겠다는 다짐을 해본다.

그러고는 혹시나 해서 뒤를 돌아보았다. 팀 내 그 누구도 신경을 쓰거나 쳐다보는 사람이 없었다. 이 분들에게는 나도 소수일지 모른다는 불길함이 머릿속을 스쳐지나갔다. 그래도 나는 조금이나마 정직원으로서 누리는 것들이 있으니 감사하다는 생각이 들었다. 그 정직원의 자리에 앉고 싶어서 오늘도 고생하는 사람들이 수없이 많이 존재한다고 생각하니 나의 지금 이 자리가 무척 고마워졌다.

진실로 차별 없이 만물을 다스려야 할 임금이
어찌 양민과 천민을 구별해서 다스릴 수 있겠는가.

- 세종대왕

재위 1418년에서 1450년. 조선 3대 임금 태종의 셋째 아들. 1408년 태종 8년 충년군에 봉해지고, 1412년 충녕대군에 진봉되었으며, 1418년 6월 왕세자에 책봉되었다가 같은 해 8월 양위를 받아 즉위하였다. 세종을 둘러싼 이야기는 여러 드라마를 통해서도 많이 알려져 있다. 그만큼 현 국민들에게 가장 친숙한 임금이라 할 수 있다. 그러한 그는 역사상 가장 훌륭한 유교정치, 찬란한 문화유산을 이룩한 분이었으며 당시는 정치적으로 안정되고 경제, 사회, 문화 등 전반에 걸쳐 기틀이 잡혀가는 시기였다.

오로지 백성을 생각한 세종대왕 덕분에 노비 신분에서 벗어나 마음껏 연구하고 해시계와 물시계를 발명했던 장영실, 밤 늦게까지 책을 읽고 공부하다 깜빡 잠이 들었는데 왕의 용포를 직접 덮어주어 감동했다는 집현전 학자 신숙주 등 백성과 신하를 아끼는 세종대왕의 마음은 더없이 넓었다. 그런데 신분이 철저하게 지켜져야 했던 그 시기에 그는 어떻게 이런 파격적인 생각을 갖고 있었을까?

쉼 없는 공부를 통해 올바른 정치란 백성의 행복을 소중하게 여기는 것이며 올바른 정치의 비결은 이전에 잘 다스렸던 역사를 본받는 것이라는 사실을 마음속 깊이 품고서 나라를 이끌어왔기에 태평성대라는 단어를 거리낌 없이 사용할 수 있었던 것은 아니었을까. 오로지 백성의, 백성에 의한, 백성을 위한 올바른 정치만을 펼치고자 했던 세종대왕이 있었기에 당시 다방면에서 엄청난 발전이 이루어지지 않았을까 싶다.

그런 점에서 볼 때 세종대왕의 진정 최고의 발명품은 훈민정음도 아니요, 해시계, 물시계 등도 아닐 것이다. 유교와 유교정치에 대한 소양, 넓고 깊은 학문적 성취, 역사와 문화를 넘나드는 깊은 통찰력과 판단력, 중국에 경도되지 않은 주체성과 독창성, 신분을 가리지 않고 능력과 사람 됨됨이를 통해 인재를 발굴했던 결단력 등 모든 면에서 완벽하게 조화를 이루는 세종대왕 그 자체가 아닐까 싶다.

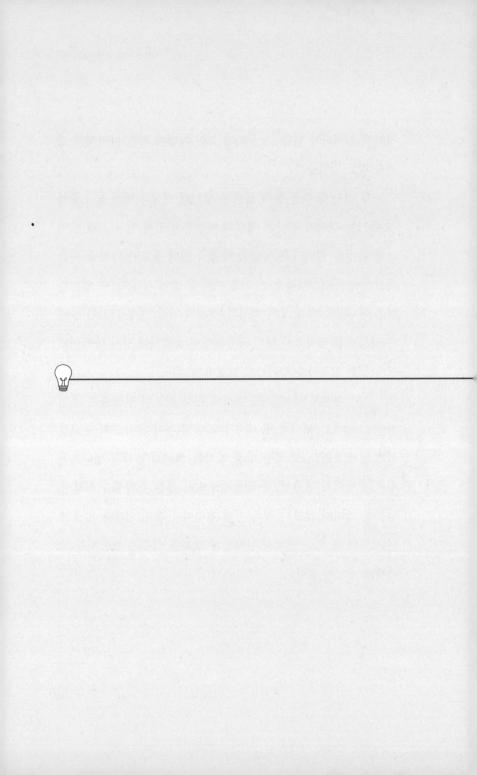

오지랖, 뒷담화, 평판이라는 굴레

Chapter 5

스물한 번째 말

거절하기가
너무 힘들어요

지난주에 영업부와 처음으로 회식 자리를 가졌다. 딱히 회식을 좋아하는 것은 아니지만 그래도 요즘 워낙 정신없이 일에 치여서인지 회식이 잠깐의 일탈처럼 느껴졌다. 게다가 타 부서와의 회식이라니 약간의 경계심과 함께 기대감이 스멀스멀 올라왔다. 전설의 영업부는 회식 자리를 더없이 빛낸다는 소문이 있었는데 소문은 그저 소문인가 싶었다. 차분하게 진행된 회식이었다. 영업부에는 여자 과장님이 계셔서인지 부어라 마셔라 하는 분위기가 사라진 지 좀 된 것처럼 보였다.

1차가 끝나고, 우리 팀 나 대리님과 육아를 담당하고 있는 몇몇 아버지들은 응원과 나름의 박수갈채 속에 컴백홈을 위해 자리를 떴다. 영업부 과장님은 2차를 가겠다고 하셨다. 그리고 남은 멤버들은 2차 회식을 위한 장소를 급하게 알아보고서 이동했다. 막내인 나는 거절할 수 없는 자리였다. 회식에서도 역시나 숟가락과 젓가락 펼치기 신공은 나의 담당이었다. 물도 재빠르게 따라서 착착착 자리에 하나씩 올려두었다.

이것저것 주문을 하고 나니 이미 술잔은 이 사람의 손을 건너 저 사람의 손끝으로 이어지고 있었다. 건배가 계속되고 빠르게 술잔이 비어갔다. 영업부 막내는 우리 팀 선배와 동기였다. 두 분이 이런저런 이야기를 나누느라 바빴다. 영업부 대리님은 두 분 다 집으로 간 지 오래였다. 부장님도 없고, 차장님도 없었다. 자녀들이 입시를 앞두고 있어서 일찍 들어가야 한다고 하셨다.

임원에 가까운 분들이 없으니 회식 자리가 조금 더 캐주얼해졌고 개인적인 이야기들도 오갔다. 술이 적당히 오르자 업무에 대한 불평불만도 이어졌다. 지극히 현실적인 이야기들이 오고가고, 가끔은 '굳이 저런 이야기까지?' 싶은 뒷담화도 계속되었다. 그래도 다음 날이면 다들 언제 그랬냐는 듯 깨끗이 잊어버릴 만한 이야기였다.

영업부 과장님 덕분인지 막내에게 술을 강요하는 분위기도 아니어서 마음이 편했다. 우리 팀 나 대리님이 안 계시니 그제야 과장님의 존재감이 제대로 느껴졌다.

"과장님. 차장님 일은 참 안됐지만 그래도 윗분이 어서 내려오셔야 할 텐데 말이에요. 힘들게 회사생활 오래하셨다는 이야기는 들었습니다. 사내에서도 딱히 과장님을 탓하거나 하는 그런 분위기는 아닌 듯하니 이젠 마음 편히 생각하세요."

"···."

"신입으로 들어오신 분은 아직 성함을 모르겠네요. 입사하신 지 몇 달 되었을 텐데 적응하는 데 힘들진 않으시고요?"

"박정현이라고 합니다. 아직까지 100퍼센트 적응하진 못했지만 팀 내에서 워낙 잘 대해주셔서 차근차근 잘 배워가고 있습니다. 제가 무슨 일을 어떻게 해야 할지 이젠 방법이나 프로세스 등은 익혔습니다."

"다행이네요. 앞으로도 계속 과장님 잘 부탁드려요. 저희 부서가 도울 일이 있으면 언제든 주저 없이 이야기해주세요. 저희도 많이 도와주시고요."

지극히 평범한 대화라고만 생각했지, 영업부 과장님의 마지막 한마디가 나의 발목을 잡을 줄은 몰랐다. 별 뜻 없이 "네. 열심히 하겠습니다"라고 말한 것뿐이었는데 회식이 끝나고 다음 날 영업부에서 전화가 왔다. 그 전화를 내가 받았다.

"정현 씨인가요? 나 영업부에 안 대리. 기억나요? 내가 일찍 들어가기는 했는데. 다름이 아니고, 수출입 물량 관련 자료 정리 좀 요청할 수 있을까요? 우리 부서에서 할 수도 있는데 아무래도 수출입 관리하고 있으니 자료가 잘 정리되어 있을 거 같아서요. 좀 부탁해요. 나중에 내가 점심 살게요."

"아, 네. 그게. … 알겠습니다."

나도 바쁜데 왜 뜬금없이 그 자료를 나한테 해달라고 하는 거지? 아무튼 시간이 좀 걸리는 일이라 이따 퇴근 즈음에 해서 드려야겠다고 생각하고는 다시 내 업무에 집중했다. 그런데 약 30분 후 다시 내 자리로 전화가 왔다.

"정현 씨? 나예요. 안 대리. 그거 언제까지 될까? 나 바로 부장님께 보고해야 해서요. 좀 부탁해요. 꼭이요, 꼭."

어제 회식 자리에서 영업부 과장님이 하신 멘트가 생각났다. 물론 나한테 시도 때도 없이 전화하면 도와줄 것이다 뭐 그런 말씀을 하신 건 아니겠지만 그 말이 나의 발목을 잡고 있는 것만 같은 불안감이 들고 괜히 신경 쓰였다. 내가 왠지 영업부와 약속을 한 것만 같은 느낌. 그런데 이건 아니라는 생각이 들었다. '내가 왜 지금 그쪽 부서 일을 해야 하는 거지? 이건 아닌 거 같은데.'

바로 선배에게 이 상황을 이야기했다. 일말의 주저도 하지 않고. "그게 무슨 말이에요? 우리도 바쁜데 일을 정현 씨한테 넘기다니 말도 안 돼. 잠시만요." 선배는 과장님에게 갔다. 두 분의 이야기를 굳이 듣지 않아도 무슨 말이 오고갔을지 뻔히 그려졌다.

과장님이 바로 영업부에 전화를 해서 항의하는 소리가 들렸다. 심장이 약간 두근거렸다. 이제 안 대리님과 어색한 사이가 되겠다는 생각. 그리고 안 대리님이 나를 뭐라 생각할까 하는 걱정. 이런 여러 가지가 머릿속에서 여기저기 떠오르기 시작했다.

직장인으로 살다 보면 거절의 연속일 텐데 어떻게 해야 잘할 수 있을지 고민이 한가득이다. 당장 이번 건만 해도 이렇게 바로 선배에게 이야기를 한 것이 잘한 일인지 의구심이 들었다. 그런데 자꾸 돕다 보면 끝도 없이 이어질 것 같고, 우리 팀의 일이 계획대로 되지 않을 것 같고, 나 역시 그에 매여서 아무 일도 하지 못하는 악순환이 이어질 것만 같아서 그 고리를 처음부터 끊는 것이 현명할 것이라 판단한 것이다.

그러면서도 별일 없어야 할 텐데 하는 생각이 머릿속에서 떠나질 않았다. 동시에 내 일에 집중하려고 다시금 애를 썼다. 그때 갑자기 안 대리님이 우리 팀으로 왔다. 나를 쳐다보지 않고 바로 과장님에게 갔다. 뒤이어 영업부 과장님도 들어왔다.

세 분이 회의실로 이동하는 모습이 보였다. 무슨 이야기를 하고 있을까? 왜 이렇게 길어지는 걸까? 나는 어떻게 되는 것일까? 이러한 초조함이 보였는지 선배가 등을 토닥이며 한마디 했다.

"걱정 말아요. 과장님이 잘 처리하실 테니까." 나 대리님도 한마디 거들었다. "신경 쓰지 마요. 어차피 정현 씨가 할 일이 아닌데 뭐. 저쪽에서 잘못했으니 뭐라 나쁘게 생각하진 않을 거예요. 그래도 바로 이야기해줘서 다행이네요. 혼자 계속 그 문제 떠안고서 끙끙 앓았으면 문제가 더 커졌을 테니까. 예전 같았으면 다들 혼자서 싸 짊어지고 고민하다가 문제를 더 키우곤 했을 텐데 역시 90년대생은 솔직하고 똑 부러져서 좋네요."

다른 사람들에게 모든 것을 허락해서는 안 된다.
거절하는 일도 허락하는 일만큼 중요하다.

- 발타자르 그라시안(Baltasar Gracián)

발타자르 그라시안은 1601년에 태어났으며 1658년 세상을
떠났다. 그의 부친은 하층 귀족가문의 의사였으며, 형제들은 훗
날 신부가 되었다고 알려져 있다. 그라시안 자신도 훗날 신부가
되었다. 이렇듯 매우 종교적인 분위기에서 성장한 그는 1630년
발렌시아에서 신부로서 생활하게 되는데 이곳의 사제들과 상당
히 심각한 마찰을 겪게 된다. 그리고 이후 여러 번 부임지가 바
뀌었지만 발렌시아에서의 갈등으로 상당한 후유증을 겪게 되고
세상을 바라보는 시각에도 적지 않은 영향을 받는다.

이후 1636년 아라곤 지방의 우에스카에 강론 담당 신부로
부임하게 되고, 1637년 첫 저서 《영웅론》을 발간한다. 이 책은
이보다 조금 앞서 이탈리아에서 출판된 마키아벨리의 《군주론》
이나 카스틸리오네의 《궁정론》과 더불어 명저로 평가받으면서,
'대중의 범주를 뛰어넘는 영웅들을 특징짓는 행동 양식이란 과

연 무엇인가'에 대한 저자의 뜨거운 성찰을 담아낸 것으로 유명
하다.

　그라시안은 세상을 대단히 부정적으로 바라본 것으로 알
려져 있다. 또한 이 세계가 위선과 기만으로 가득찬 곳이라고 평
가한다. 마땅히 성공해야 할 사람이 실패하고, 이길 자격이 없는
자가 승리하며, 진실을 말하는 자는 외면당하고, 아첨하는 자일
수록 높은 자리에 올라간다는 사실을 비판한 것이다. 그래서 그
는 세상의 모순에 섣불리 항거하지 말고, 타인의 생각을 귀담아
듣되 자신의 생각은 외부에 누설하지 말라고 권고한다. 오늘날
사회생활을 하는 데 있어 가장 기본적이면서도 실패가 없는 방
법이라는 생각을 지울 수가 없다. 그가 거절에 대해서도 기본적
인 신념을 가지고서 말하지만 또 하나의 조건을 통해 사유해보
길 권하는 바를 충분히 이해할 수 있다.

스물두 번째 말

상사에게 잘 보이려
애썼다가

업무가 어느 정도 익숙해지자 조금씩 나의 생각이나 의견을 보고서에 포함시키기 시작했다. 처음에는 티가 나지 않을 정도만 첨가하곤 했는데, 이제는 간혹 내가 생각하는 방향성을 분명하게 드러내기도 한다. 그랬더니 바로 나 대리님의 콜이 떨어졌다.

"흠, 이건 왜 이렇게 생각하신 건가요? 전체적인 프로세스로 봤을 때는 아닌 거 같은데 어떻게 생각하세요?"

"업무를 하면서 제가 생각한 방향성을 말씀드리고자 이렇게 해보았습니다. 저는 이 방법도 충분히 타당성이 있다고 생각합니다만…."

"아, 무슨 이야기인지 알겠어요. 흠, 충분히 그렇게 생각할 수도 있겠네요. 하지만 정현 씨 혼자서 하는 프로젝트라면 기회를 드리고 싶은데 지금 그런 상황이 아니라는 걸 잘 아실 거예요. TF 팀이 구성된 만큼 모든 것이 빠르고도 체계적으로 돌아가야 하는 상황이라 어쩔 수 없어요. 미안해요. 이해해주었으면 해요."

"아, 네. 알겠습니다."

살짝 무안해지고 기가 죽는 느낌이었다. 하지만 어쩔 수 없다. 이미 팀을 위한, 회사를 위한 빅픽처는 그려져 있는데 거기에 대고 내 마음대로 뭘 할 수 있는 상황은 아닌 것이다. 그래도 사람인지라, 감정이 있는지라 조금 섭섭하기도 하고 다음번에 의견을 낼 때 또 한마디 들을까 봐 걱정도 되었다. 그래도 다음에는 조금 더 객관적이면서도 팀 프로세스에 영향을 끼치지 않는 방향성을 찾아봐야겠다며 스스로 등을 토닥거렸다.

그렇다 하더라도 쉽지 않았다. 전형적인 A형이어서인지 소심해져버린 것이다. 물론 혈액형을 통한 성격 분석을 믿지는 않지만 괜히 지금은 그게 맞는 것만 같았다. 자리로 돌아온 다음, 바람이나 쐬러 건물 밖으로 나왔다. 기분전환을 해야 마음이 가라앉을 것 같았다.

하늘을 올려다보았다. 무척이나 맑고 밝은 낮 시간이었다. 몇 시쯤 되었으려나. 시계를 보려 했는데 아침 일찍 부랴부랴

출근하느라 손목에 시계 차는 걸 깜빡했다는 생각이 스쳐지나
갔다. 그럼 스마트폰은? 호주머니를 뒤졌는데 없었다. 자리에
두고 나온 모양이다. 급하게 나오느라 다 두고 나왔나 보다. 이
런 정신머리 하고는.

얼른 들어가야겠다는 생각이 머릿속을 헤집고 있었다. 바
쁘기 그지없는 하루하루인지라 1분 1초를 아껴 쓰고, 제대로 쓰
고, 티 나게 써야 했다. 다행히도 팀에서는 아무도 신경 쓰지 않
고 자신의 업무에만 집중하고 있었다.

그때 선배로부터 카톡이 왔다. '별일 없죠? 아까 나 대리님
과 뭔가 이야기하는 거 같더니 그거 끝나고 바로 나가길래 살짝
걱정이 됐어요.' 우리 팀의 분위기는 이래서 좋다. 무엇보다 신
입사원이자 막내라고 해서 아무도 반말을 하지 않는다. 기본적
으로 같은 직장인으로서 대우해주고, 대우를 받는 기분이 들어
서 좋았다. 그러다 보니 조금 더 잘해야겠다는 욕심이 생겼다.

더불어 '츤데레'처럼 누군가는 가끔 무심하게 상황을 물어
보곤 한다. 더없이 바쁠 때는 답해야 하는 상황이 귀찮기는 한
데, 뭔가 굳이 억지로 알아내려고 묻는 것은 아니고 그냥 아침
인사나 퇴근 인사처럼 가벼운 마음으로 묻는 것이다. 이럴 땐
남처럼 느껴지지 않아서 좋다.

선배에게 답장을 보냈다. '별일 없습니다. 나 대리님이 업

무 체크하시느라 그런 건데 일이 좀 많아서 잠시 바람 쐬고 왔습니다.' 답장 이후로 다시금 팀은 일상의 모습으로 복귀했다. 아무 일 없었다는 듯이. 물론 아무 일 없었다. 책상에 앉았다. 호흡을 크게 들이쉬고 내쉰 다음 일을 이어나갔다.

정신없이 하다 보니 퇴근 시간이 다가오고 있었다. 나 대리님의 호출이 한 번 더 있었다. 지금까지의 진행 사항을 다시 체크하는 시간이다. 이번에는 팀 전체의 프로세스를 감안해서 자료를 정리했다. 하지만 긴장되는 것은 어쩔 수 없는 일이었다.

열심히 정리한 자료를 책상 위에 두고서 멀뚱멀뚱 기다리고 있었다. 나 대리님은 꼼꼼히 확인 중이셨다. 5분쯤 지났을까? 나한테 이것저것 묻기 시작했다. 왜 이런 프로세스를 생각했느냐. 약간 다른 과정인 듯한데 왜 이게 옳다고 판단하느냐. 확실히 포인트를 짚어주시며 이야기를 하는데 뭐라 대꾸할 말들이 생각조차 나지 않았다. 그냥 그게 맞는 듯했다.

하지만 딱 한 군데를 유심히 보시더니 이렇게 말씀을 하시는 거였다. "이건, 이 방법이 좋겠네요. 저도 생각 못했는데 다른 분들과 공유할게요. 훨씬 더 일을 합리적으로 처리하는 방식일 듯해요. 바로 과장님께도 말씀드릴게요. 수고하셨어요."

계속 야단만 맞고 있는 거라 생각했는데 단 한 건이지만 나의 생각이 옳은 데다 효과적이라고 이야기하시니 우쭐했다. 그 한마디에 다시금 춤을 추기 시작했다. 물론 마음속으로. 조금 더 노력해서 조금씩 전진하자는 마음가짐이 불끈 솟아올랐다. 그렇게 무사히 자료들을 정리하고 책상도 정리하고 내 마음까지 정리하고 나니 퇴근길 발걸음이 더없이 가벼웠다. 퇴근 인사 목소리는 톤이 조금 더 올라가는 느낌이었다. 다른 분들이 그 목소리에 얼굴을 힐끗 돌리며 무슨 일인가 하는 표정으로 나를 쳐다보았다. 충분히 인정받았다는 기분으로 하루를 마감하고 있었다.

거절당할 것을 미리부터 두려워하지 말라.

- 할랜드 데이비드 샌더스(Harland David Sanders)

할랜드 데이비드 샌더스. 이 이름으로는 선뜻 누구인지 알기 어렵다. 하지만 세계적인 치킨 및 햄버거 프랜차이즈인 KFC 설립자라고 하면 금방 고개를 끄덕일 것이다. 거대 기업 설립자이기 때문에 많은 사람들이 그가 아무런 어려움 없이 편안한 삶을 살았을 거라고 오해하곤 한다. 하지만 샌더스의 삶은 도전과 실패의 연속이었으며 이러한 어려움 가운데서 결국 글로벌 패스트푸드점인 KFC를 창립하였다.

학력은 초등학교 중퇴에 아버지는 샌더스가 여섯 살이 되었을 때 돌아가셨다. 어머니가 가정을 꾸리기 위해 일을 하러 나가시면 언제나 어린 두 동생은 샌더스의 몫이었다. 그런 가정환경마저도 그는 만족해야 했지만, 결국 어머니는 다른 남자와 결혼해 그를 떠나게 되었다.

12세부터 시작한 직장생활. 페인트공, 철도노동자 등 안 해본 일이 없을 정도로 악착같이 일만 하면서 살아야 했던 그는 우연히 코빈이라는 사람이 이 동네에는 맛있는 음식점이 없다고 투덜대는 모습을 보고서 자신이 운영하던 주유소를 개조하여 음식점을 오픈했다. 당시 그의 나이 39세.

그의 음식점이 맛있다는 소문이 나기 시작했다. 결국 밀려드는 손님을 감당하지 못해 정식으로 '샌더스 카페'라는 이름으로 식당을 운영하게 된다. 그때가 42세였다. 요식업에 뛰어들고 얼마 지나지 않아 아들을 잃는 슬픔을 겪게 되는 샌더스. 60대에 접어들면서 식당 사업은 점점 기울더니 결국 빈털터리가 되어 길거리에 내쳐지고 정신병에 시달리게 되면서 아내도 떠나고. 삶에서 온갖 고통이 자신에게만 몰려오는 것 같았다.

하지만 65세에 그는 단돈 105달러만 손에 쥔 채 사업에 뛰어든다. 자신만의 독특한 양념비법을 개발하고 낡은 트럭에 이 양념을 싣고 미국 전역을 돌아다니며 투자자를 찾는다. 3년 동안 그는 무려 1,008번의 거절을 당한다. 하지만 포기하지 않고 결국 1,009번째 식당에서 이 양념을 판매하게 된다. KFC의 설립자 커넬 할랜드 데이비드 샌더스의 감동 스토리는 이렇게 막이 열리게 되었다.

사람들은 보통 실패와 거절의 두려움 때문에 무엇인가를 시도하지 못하고 어려워하고 주저한다. 하지만 집념과 끈기가 있다면 그러한 어려움은 별것 아닌 것처럼 느껴질 수 있다. 샌더스

처럼 숱한 거절 속에서도 무엇을 해야 할지 확고함만 가지고 있
다면 충분히 헤쳐 나갈 수 있을 것이다.

스물세 번째 말

스몰 토크가
뒤통수 토크가 될 수 있다

업무 향상을 위해 가끔씩 주말에 서점에 나가 여러 장르의 책들을 둘러보곤 한다. 우연히 자기계발 코너를 지나다 대화법 책들이 참 많이 진열되어 있는 것을 보고 깜짝 놀랐다. '대화는 그냥 하면 되는 거 아냐? 이 주제로 무슨 책들이 이렇게 많지? 거기에 베스트셀러들도 왜 이렇게나 많지? 신기하네.' 이런 생각으로 한 권 두 권 들춰보기 시작했다.

그러다가 스몰 토크라는 단어를 보고서 이게 뭔가 싶어 책을 집어 들어 독자들을 위한 테이블에 앉았다. 회사 내에서, 그것도 단순히 사무실로 한정하는 것이 아니라 엘리베이터 안에서, 탕비실에서, 그다지 친하지 않은 다른 팀원과 자주 마주칠 때, 다른 팀이긴 하지만 친해지고 싶은 누군가가 있을 때 등 어색한 분위기를 단번에 부드럽게 녹여줄 대화법에 대한 책이었다.

잡담, 수다 등으로 해석되는 스몰 토크가 왜 굳이 필요한 것일까 싶었는데 사실 직장에서뿐만 아니라 일상생활에서 더없이 필요한 요소라는 사실을 알고서 그동안 회사에서의 나의 모습을 투영해보았다.

스몰 토크란 자연스럽고도 쉽게 대화하는 것이라고 하는데 나는 과연 어떠한 모습이었을까? 사실 어느 정도 업무에 적응은 되었는데 그렇다고 해서 당당하게 팀 회의에서 목소리를 내지는 못하고 있다. 어떻게 보면 여전히 아웃사이더이거나 초보의 티를 벗어나지 못했던 것이다. 이에 대해서는 시간이 지나야 점점 나의 목소리를 낼 수 있을 것이라 생각했다. 하지만 점심시간이나 팀 회식 자리에서, 아니면 선배가 잠시 바람이나 쐬고 오자고 했을 때 그때는 나도 뭔가 이야기를 해야 한다. 분명히 그 사실을 잘 알고 있다.

최근에 넷플릭스를 통해 미드를 보면서 정치 분야나 스릴러 장르에서 긴장감 넘치는 순간에 몇 마디 말로 분위기를 반전시키는 사람들을 보고서 부럽다는 생각을 한 적이 가끔 있었다. 여유로움, 매력, 재치까지 한 번에 갖춘, 모든 것을 갖춘 것만 같은 사람이 부러웠던 것이다. 그렇다고 해서 그 대화가 시시껄렁한 농담이나 장난은 아니었다.

MIT의 벤저민 와버 교수는 조직에서 스몰 토크가 가지는 효

과를 확인하기 위해 미국 대형 은행 콜센터 직원들을 대상으로
연구를 진행했다고 한다. 원래 하루 15분씩 개인적으로 허용했
던 커피타임을 2개 팀씩 같은 시간에 함께 갖도록 스케줄을 조
정했던 것. 결과는 어땠을까? 평균 콜 처리 시간이 기존보다 8%
감소했다는 놀라운 결과가 나왔다. 이는 약 160만 달러의 비용
감소 효과와 동일하다고 한다. 더불어 직원들의 근무만족도는
10% 이상 향상되었다. 시시콜콜한 이야기, 즉 스몰 토크를 나누
며 업무에서 오는 스트레스를 완화할 수 있었던 것이다. 게다가
경험담을 서로 공유하다 보니 업무 노하우까지 나누게 되어 생
산성도 올라갔다고 한다.

　이렇게 긍정적인 효과를 가져다주는 스몰 토크이지만 자칫
뒤통수 토크, 도끼 토크가 될 수 있다는 것도 잊지 말아야 한다.
생각해보니 얼마 전 회사를 떠들썩하게 한 사건이 하나 있었다.
직원들이 탕비실에 모여 이런저런 시시콜콜한 이야기를 나누다
가 소위 꼰대 상사 뒷담화를 서로 주고받게 되었는데 그 상사가
들어온 것을 모르고 한 직원이 계속 이야기하다가 바로 들통나
버렸던 것이다. 그 이후의 상황은 따로 설명하지 않아도 충분히
짐작할 수 있을 것이다.

　말이란 늘 조심해야 한다. 한 번 흘려버리고 나면 두 번 다
시 담을 수가 없기 때문이다. 그리고 요즘엔 굳이 대화를 나누

고 싶어 하지 않는 사원들이 많아서 이들과 어떻게 말문을 터야 할지가 가장 중요한 요소로 떠오른 것도 사실이다.

사내게시판 중에서 익명게시판이 가장 핫한 것도 다 이유가 있다. 여기가 어떻게 보면 실질적인 스몰 토크의 장인지도 모른다. 타 부서와의 업무 협조가 이루어지지 않고 있음을 이야기하기도 하고, 회사의 문제점을 가감 없이 드러내는 것도 충분히 가치 있는 스몰 토크일 것이다. 토크라는 것이 반드시 대면형 말하기만을 이야기하는 시대는 지났기에 이것이 과연 대화의 형태가 맞는가에 대해 고민할 필요도 없다.

말하기, 대화의 형태가 점점 변해가고 있다. 상사 앞에서 자신이 생각하는 바를 말하지 못해 꾸지람을 듣는 사원들이 늘어나고 있다고 하는데 그들을 윽박지른다고 해서 해법이 나오는 것은 결코 아닐 것이다. 그들의 목소리를 차분하게 들어주고, 그것이 쉽지 않다면 그들의 방식을 존중해줄 필요도 있을 것이다.

요즘은 대화도 스마트폰으로 하는 시대다. 오히려 그곳에서 조금이라도 더 자연스럽고 활발하게 대화를 나누게 되는 것이 사실이다. 글로 쓰는 것이다 보니 조심해야 할 부분에 있어서는 충분히 한 번 더 생각하게 될 테니까. 이것을 대화라고 할 수 있을까, 없을까? 그것은 당신의 자율적 판단에 맡겨야 할 것이다.

　스마트폰의 대화 어플을 이용하든, 아니면 직접 얼굴을 맞대고 대화를 하든 역시나 시시콜콜하게 이야기를 나누면 속이 다 시원해진다. '임금님 귀는 당나귀 귀'라고 외쳤던 그 사람의 의도를 충분히 알아차리고 누군가가 그 곁에 가서 그 마음 이해한다며 등을 토닥거려준 상황이나 다름없지 않을까.

　하지만 분명 잊지 말아야 할 것이다. 스몰 토크가 시간과 장소를 가리지 않는 뒷담화가 되어서는 안 된다는 사실. 결코 주워 담을 수 없으니 그에 대한 책임을 져야 한다는 사실. 꼭 기억해둬야 한다. 나의 행동은 누가 뭐라고 해도 내가 책임져야 하니까.

말이 쉬운 것은 결국은
그 말에 대한 책임을 생각하지 않기 때문이다.

- 맹자

공자가 죽고 나서 약 100년 후 태어난 것으로 알려져 있는 맹자이지만 사실 정확히 두 인물이 언제 태어났고 언제 죽었는지는 알 수 없다. 맹자는 공자 못지않게 위대한 전국시대 중기의 철학자이자 정치가이며 사상가였다. 부당한 권력에 대한 백성의 저항을 옹호하고, '왕의 권력은 백성이 부여하는 것'이라고 주장하는 등 당시 시대상과 비교했을 때 상당히 진보적인 사상을 펼친 것으로 알려져 있다. 더불어 혈연관계에서 자연스럽게 드러나는 도덕 감정인 '인仁'의 확신이 필요함을 강조하면서 '의義'의 의미를 확장하여 두 개념을 대등하게 이해하고자 했다.

맹자는 '의'가 이익 추구와 구분되어야 한다고 주장했다. '의'의 실천을 가로막고, 사회적인 혼란을 야기한다고 여겼기 때문이다. 인간은 자신의 행동이 옳지 못함을 부끄러워하고 타인이 착하지 못함을 미워하는 마음을 본래 가지고 있는데, 이러한 마음이 의롭지 못한 행위를 하지 않도록 막아주는 동기로 작용한다고 보았다. 맹자가 주장하는 성선설을 생각해보면 이해 가능한 부분이라 할 수 있다. 말뿐만 아니라 행동에 이르기까지 책임을 져야 함을 주장하는 맹자의 가르침은 그의 사상을 들여다봤을 때 충분히 유추해볼 수 있는 바이다.

스물네 번째 말

경청의 힘,
촌철살인의 한마디

회의 시간마다 자료를 준비하느라 모두가 지쳐갔다. 과장님 또한 부하직원들과 다르게 행동할 수 없다며 매번 자료를 준비하는 데 빠지지 않았다. 그렇게 모두들 숱하게 이어지는 야근에 회의 준비까지 하다 보니 눈 밑에 다크써클이 판다 못지않았다. 그래도 그나마 프로젝트의 마무리가 서서히 다가오고 있음을 모두들 알고 있었기에 마음은 조금씩 편안해지고 있었다.

　　그런데 요즘 나 대리님을 제외하고 모두들 궁금해하는 사항이 생겼다. 프로젝트가 끝나면 원래 팀으로 돌아가시려나. 아니면 계속 남아서 우리 팀에서 업무를 진행하시는 건가. 그 문제로 과장님과 대리님이 자주 이야기를 나누시는 거 같기는 한데 어떻게 될지는 모르겠다.

　　내 입장에서는 계속 계셨으면 하는 바람이다. 일 처리가 워낙 정확해서 나한테 큰 도움이 되는 분임은 분명하다. 방임적인 환경 속에서 신입 기간을 보내는 것은 어찌 보면 불행한 일인지도 모른다. 뭘 어떻게 해야 하는지 도무지 알 수 없기 때문이다. 일도 배워가면서 실력을 착착 올리고 싶은데 말이다.

선배도 그런 바람을 은근슬쩍 품고 있는 것으로 안다. 일이 많아도 제대로 배우는 느낌, 그리고 그에 따른 성취감. 나 대리님은 적절히 당근과 채찍을 사용할 줄 아시는 분이라 팀 분위기가 훨씬 더 적극적이고 긍정적으로 변했기 때문이다. 말 그대로 생각 이상으로 일이 재미있어진 것이다.

가족이나 친구들에게 이렇게 이야기하면 이상하다는 듯, 뭔가 문제가 있다는 표정으로 나를 빤히 바라보곤 했는데 사실이다 보니 뭐라 대꾸하기도 그렇다. 여하튼 그런 발전과 성장이 느껴지는 하루하루 속에서 오늘도 어김없이 회의를 준비해야 했다. 우리 팀은 막내라고 해서 미리 커피를 타놓고 기다리거나 회의 자료를 복사해놓고 회의실에서 대기하는 모습은 없다. 모두가 평등하게 자신의 회의 자료는 스스로 준비하는 분위기가 어느새 정착되어 있다. 덕분에 나만의 업무에 집중할 수 있어서 더없이 좋았다.

"자, 오늘은 한창 진행 중인 이 일의 마무리 단계에 대해서 이야기하려고 해요. 그동안 꽉 막혔던 통관 절차에 대해서도 거의 정리가 되어가니 서류 작성도 끝나가는 상황이지요. 수십 건에 달했던 문제가 차츰차츰 매듭지어져가는 게 보이니 다행입니다."

과장님의 이야기로 시작된 회의는 나 대리님, 최 대리님, 선배를 거쳐 나에게까지 발언권이 주어졌다. 나 역시 그동안 차분하게 정리해왔던 자료들을 충분히 제시하고 발표를 이어나갔다. 취업 스터디를 하는 동안 발표 연습을 많이 했던 것이 큰 도움이 되었다. 긴장되는 순간이기는 했어도 목소리가 한없이 떨리거나 손발이 축축해지는 불상사가 생기지는 않았다. 충분히 해야 할 이야기를 적당한 시간 동안 했던 것 같다.

그런데 모두들 내가 말을 끝내기 전까지 한 마디도 하지 않고 경청하고 있었다. '어, 내가 딱히 실수 없이 잘하고 있는 것인가? 긴장이 되긴 하지만 그래도 할 말을 제대로 하고 있는 것 같네' 하는 마음이 들어 부담도 없고 말이 꼬이지도 않았다.

발표가 끝났다. 이제는 무슨 이야기가 오고갈지 궁금했다. 너무 많은 지적은 없었으면 하는 바람과 함께. 발표가 끝나기가 무섭게 모두들 한마디씩 하는데 이때부터가 시작이었다. 세렝게티에서 먹잇감을 발견한 사자 무리들처럼 한 명당 하나의 발언을 차분하면서도 사정없이 이어나갔다.

　약간 정신이 혼미해지긴 했어도 충분히 준비한 자료가 있었기에 방어를 해나갈 수 있었다. 아니, 방어라기보다는 객관적인 수치와 데이터를 바탕으로 설명을 해나갔다는 표현이 좀 더 옳을 것이다. 그래도 신입 치고는 문제없이 하셨어요, 하는 피드백도 있었지만 동시에 아무리 신입이지만 이 부분에서는 빨리 상황 파악을 하서야 해요, 같은 지적도 쉴 새 없이 흘러나왔다. 그렇다고 해서 기분이 나쁘거나 마음이 상하는 분위기는 아니었다. 적절한 설명이 덧붙여지니 내가 무엇을 잘했고, 무엇을 잘못했는지가 확실히 정리되었다.

　이상적인 회의가 진행되고 있었던 것이다. 나의 발표까지 끝나고 다들 다음 사항에 대해서 브레인스토밍을 이어나갔다. 회의는 생각보다 길어지고 있었다. 마무리 단계에 접어든 상황이라 처리해야 할 것들보다 정리해야 하는 사안들 중심으로 파악 중이었기 때문이다. 초반기 업무부터 훑어보다 보니 길어질 수밖에 없었다.

　자기 담당 업무에 관해 한마디씩 멘트가 나올 때마다 모두들 한 단어도 놓치지 않으려는 듯 귀담아듣고 자신의 의견을 내놓았다. 회의가 충분히 민주적으로 흘러가는 듯하여 좋았다. 이런 회의라면 몇 시간이고 할 수 있을 것만 같았다.

모두가 의견을 자유롭게 제시하고, 충분히 상대의 발언을 경청하고 토의하니 문제 처리도 일사분란했다. 과장님이라고 해서 의견을 강요하는 법도 없었는데, 이런 분위기는 과장님과 나 대리님의 노력 덕분이었다. 평등한 회의문화를 만들어야 한다고 초반부터 누누이 말씀해오셨으니 말이다. 덕분에 더없이 건설적이고도 과감한 의견들이 많이 나왔다.

회의가 술술 풀리다 보니 아무도 점심시간이 되었다는 사실을 인지하지 못하고 있었다. 갑자기 선배의 한마디가 툭 튀어나왔다.

"밥은 먹고 해야 할 거 같습니다. 너무 회의만 했더니 배가 고파서 머리가 멍하네요. 오늘은 다 같이 기분 좋게 밥 먹고 오후 회의를 이어나가는 것이 좋을 거 같아요."

"좋네요. 그러죠. 오늘 점심은 좀 맛있는 거 먹어볼까요? 뭐가 좋을까요? 중국집에 또 가야 하나. 그럼 탕수육과 함께? 김치찜을 먹어야 할까요? 아니면 해물탕? 아, 먹는 걸로 고민하는 게 제일 귀찮으면서도 제일 행복한 거 같아요."

"정현 씨가 먹고 싶은 걸로 먹읍시다. 오늘 회의 준비 정말 잘해왔는데 그럴 자격이 충분히 있을 거 같아요. 뭐가 먹고 싶어요?"

"저, 그게. 오히려 그렇게 말씀하시니 잘 모르겠어요. 뭘 먹어야 할지. … 그렇다면 탕수육 하겠습니다.”

“엊그제 우리 먹었던 거 아냐? 아닌가? 맞는 거 같은데. 아니다. 그냥 먹으러 갑시다. 고르는 것도 일인데 딱 정한 대로 갑시다.”

회의실에서 나오는 데는 금방이었다. 다들 자료들을 각자의 책상 위에 올려놓고 얼른 지갑을 들고 사무실을 벗어났다. 예전에는 점심식사를 하러 가면 한 명이 나가고, 그 다음에 누군가가 나가고, 이런 분위기였는데 요즘은 약간 와자지껄 다 같이 한꺼번에 밖으로 나가는 경우가 많았다. 확실히 뭔가 바뀐 듯했다. 각자 자기 업무만 개인적으로 하다가 함께하게 되는 것들에 대해 적절한 토의와 업무 분배를 통해 민주적으로 의사가 결정되니 확실히 좋아진 점이 많았던 것이다.

이렇게 달라진 팀 분위기 때문에라도 나 대리님이 계속 있었으면 하는 바람이 컸다. 하지만 과장님 위에 누군가 오셔야 하는데 하는 또 다른 기대감도 다들 갖고 있었다.

어느 모임에 참석한 카네기가 옆에 앉은 한 탐험가의 이야기를 듣게 되었다. 그 탐험가는 무려 2시간 동안 탐험에 대한 말을 하였고, 카네기는 아주 진지하게 탐험가의 말을 들어주었다. 탐험가는 이야기를 마무리하면서 카네기에게 "선생님의 탐험에 대한 탁월한 식견과 지혜에 경의를 표합니다"라고 말하면서 일어섰다. 하지만 카네기는 탐험에 대해 아는 것도 거의 없었고, 대화 도중에 자신의 의견을 한마디도 제시하지 않았다. 그저 진지하게 듣고 대답만 해주었을 뿐이다.

- 데일 카네기(Dale Carnegie)

데일 카네기는 1888년 미국 미주리 주 매리빌에 있는 어느 농장에서 태어났다. 이후 워런스버그 주립사범대를 졸업한 후 네브래스카에서 교사 및 세일즈맨으로 활동했지만 연속되는 실패를 경험해야만 했다. 하지만 1912년 뉴욕에 위치한 YMCA에서 대화 및 연설의 기술에 대해 강의를 시작하면서 명강사로 알려지게 되었다. 예시들을 충분히 설명하는 그의 강의의 인기는 말 그대로 선풍적이었다.

그는 처음에는 화술 강의만 진행했다. 하지만 매일 직장과 사회생활에서 만나야 하는 사람들과 잘 지내는 훈련이 필요하다는 사실을 깨닫고는 인간관계 기술을 포함시키면서 그에 대한 강의도 함께 이어나갔다. 교재도 없고 시간표도, 인쇄된 가이드조차 없었지만 그는 체계적으로 강의들을 정리해나갔고 인간관계에 대한 개념들을 다양한 실험들을 통해 엮어내고 있었다.

그 결과 1936년 《데일 카네기 인간관계론》이라고 하는, 전 세계적으로 6,000만 부가 넘는 판매고를 기록한 세기의 베스트셀러가 출판될 수 있었다.

사람을 다루는 핵심 원리는 무엇일까? 어떻게 하면 호감 가는 사람이 될 수 있을까? 원하는 것을 얻어내는 가장 효과적인 방법은 무엇일까? 인간관계는 친구를 만들고 적을 만들지 않는 것에서 시작된다. 《데일 카네기 인간관계론》은 이런 인간관계의 핵심을 꿰뚫는다.

'친구를 만들고, 사람을 설득하는 법'이라는 제목으로 1936년 처음 출간된 데일 카네기의 책은 80년 넘게 수많은 사람들에게 영향을 끼쳐왔다. 이후에 나온 모든 자기계발서들이 이 책의 영향을 받았다고 해도 과언이 아니다. 세계적인 투자자 워런 버핏의 인생을 바꾼 책이자, 누구나 꼭 읽어야 할 책이기도 하다. 《데일 카네기 인간관계론》은 가장 단순하고 실용적인 원

칙들로 복잡한 인간관계에 대한 우리의 고민을 명쾌하게 해결해
준다.

스물다섯 번째 말

나만 모르는
나의 이야기

직원들끼리 삼삼오오 모여서 속닥속닥 그날 있었던, 아니면 회사에서 가장 핫한 이슈를 공유하는 공간들이 있다. 우선 탕비실은 잠시 커피나 차를 타거나 과자를 먹으며 짧게 이야기를 나누는 곳이다. 건물 밖 흡연구역도 그런 곳이다. 금연이 대세라고는 하지만 여전히 담배를 끊지 못하는 사람들이 많다. 그래서 담배를 피우며 이런저런 이야기들을 나눈다.

회사 내에서 만나지는 못해도 이곳에서는 타 부서 직원들을 만나 다양한 뒷이야기들이 놀랍게도 빠르게 전파된다. 모 드라마에서는 회사의 중요한 이야기들이 흡연구역에서 이루어진다는 사실을 알게 된 주인공이 본인은 담배를 피우지 못하지만 매번 누군가와 함께 그곳을 찾아 회사 돌아가는 사정을 알게 되는 장면이 등장하기도 했다.

    지극히 사적인 공간이다 보니 대화 내용도 꽤나 사적이다. 시시콜콜한 이야기들이 흘러나오는데 사내 연애, 승진 대기자, 경력자 채용 대화 등등이 왔다 갔다 한다. 물론 쉽게 꺼낼 수 있는 이야기는 아니지만 위험한 선을 넘지 않는 이야기 정도까지는 오고가곤 했다. 특히 여기서는 직원들의 실수담이 재물 삼아 이야기의 중심이 되는 경우가 많다.

    거의 성사시킨 수십억대의 거래를 영업부 직원 누군가의 실수로 망쳐버렸다는 등, 거래업체에 입금액 '0'을 하나 더 붙여 보냈는데 한 달째 몰랐다는 등, 모 부서의 직원이 며칠째 무단결근 중이라는 등 그런 이야기가 퍼져 나온다. 얼마 전까지는 우리 팀의 과장님 이야기가 꽤나 핫한 이슈였다.

    최근에는 신입사원들에 대한 평가가 조금씩 이루어지고 있었던 것인지 나를 포함해 3명의 이야기가 회사 내 비밀 이야기로 번지고 있는 듯했다. 총 5명이 최종 합격이었지만 이미 2명은 퇴사한 상황이라 남은 3명 중 누가 가장 먼저 승진할 것인지, 회사 내에서 평가가 어떤지에 대한 이러저러한 평판이 있었던 것이다.

    전혀 몰랐다. 나 역시 우연히 선배 따라 흡연구역에 왔다가 저쪽에서 흘러나오는 이야기를 들었던 것이다. 듣지 않아야 하는데 싶었지만 내 이름이 나오다 보니 어쩔 수가 없었다. 선배와 대화하는 척하면서도 그쪽 소리에 자꾸 신경이 갔다. 그랬더니 선배가 눈치 챘나 보다.

"괜찮아요. 별일 없을 거야. 정현 씨가 일 잘하는 거 우리가 아니까 걱정 말고. 세 명 중 2등은 하겠지. 한 명이 워낙 못한다는 이야기가 퍼져 있어서."

"그런 이야기가 있었나요? 저만 몰랐습니다. 기분이 묘하기도 하고, 다행히 저는 큰 무리 없을 거 같다고 하니 안심이 되기도 하고요."

다들 알고 있었나 보다. 그래도 다행히 못한다고 평판이 나지는 않았다고 하니 부담감은 덜했다. 벌써 이 회사에 온 지 이렇게 시간이 지났다니 놀랍기만 하다. 취업 스터디를 한창 할 때만 해도 시간이 정말 가지 않아서 답답했는데 요즘에는 책상에 앉아 있다가 우연히 창밖을 바라보면 벌써 시간이 이렇게 흘렀나 싶을 때가 한두 번이 아니었다.

벌써 나에 대한 평판이 돌고 있다는 것도 신기했다. 나도 조금만 더 있으면 2년 차에 접어들 텐데, 사내에서 각자 자신을 평가하는 보고서를 작성해야 한다는 이야기를 신입 교육 때 들은 적이 있었다. 나에 대해서 나는 어떻게 평가해야 할까. 이 정

도면 잘하고 있다고 해야 할까. 더 잘하지 못하고 있다며 겸손
한 척해야 할까. 뭐라고 써야 하는 것일까?

아직 그런 보고서를 쓰기까지 시간이 많이 남았는데도 궁
금하지 않을 수 없다. 이렇게 나에 대한 이야기가 알게 모르게
흘러나오고 있다고 하니 말이다. 물론 더 큰 이슈가 등장하면
관심은 그쪽으로 옮겨갈 테지만. 역시나 회사생활은 사람 사는
곳이면서도 동시에 이익이 앞서다 보니 상대가 동료이자 동시
에 적일 수밖에 없는 아이러니를 품게 되는 것이 당연하다는 생
각도 들었다.

이토록 나도 몰랐던 나의 이야기가 있었다니 여러모로 조
심해야겠다는 마음가짐이 바짝 들었다. 평판이 그래서 중요하
구나 하는 생각이 절실히 다가왔다. 선배는 담배를 다 피웠는지
들어가자며 나를 불렀다. 난 그때까지도 건너편 목소리에 귀를
기울이고 있었나 보다.

"그런데 왜 같이 내려온 거죠? 원래 담배 안 피우잖아요. 그
냥 바람 쐬러?"

"네. 혼자 내려와서 있기에는 좀 심심하기도 하고. 뭔가 쓸
쓸하기도 하고. 여기는 그래도 사람들이 많으니까요. 이런저런
이야기도 슬쩍슬쩍 들을 수 있고요. 아까 제 이야기를 슬쩍 들

은 것처럼 말이에요.”

　“그런데 사실 그런 이야기들이 그렇게 신빙성이 있는 건 아니에요. 그러니 혹시라도 너무 마음에 담아두진 마요. 사람의 말이라는 것이 어느 장소에서 어떻게 하느냐에 따라 달라지는 거니까요. 담배 연기가 바람에 흩어지듯 그렇게 흩어지게 마련이에요.”

당신이 가질 수 있는 보물 중 좋은 평판을 최고의 보물로 생각하라. 명성은 불과 같아서 일단 불을 붙이면 그 불꽃을 유지하기가 비교적 쉽지만 꺼뜨리고 나면 다시 그 불꽃을 살리기가 지난하기 때문이다. 좋은 평판을 쌓는 법은 당신이 보여주고 싶은 모습을 갖추기 위해 노력하는 것이다.

- 소크라테스(Socrates)

플라톤, 아리스토텔레스와 함께 고대 그리스 철학의 전성기를 이룩한 대표 철학자인 소크라테스. "악법도 법이다", "너 자신을 알라"와 같은 명언들로 유명한 그는 남을 가르치는 방식 중에서도 철학적 토론을 선택한 것으로 알려져 있다. 남루한 옷차림으로 광장을 오고가는 그의 주변에는 언제나 다양한 계층의 사람들이 몰려들었다. 강의를 통해 명예와 부를 누렸던 소피스트와 달리 그는 가르침의 대가로 돈을 받지 않았다. 진정한 지식의 전파를 위해 노력하였던 것이다.

고대 그리스 철학은 소크라테스 전과 후로 나뉠 정도로 그의 영향력은 실로 엄청나다고 할 수 있다. 하지만 직접 남긴 저작물이 없어서 정확하게 사상을 파악하기란 쉬운 일이 아니다. 다

만 제자들이 남긴 기록과 그에 담긴 소크라테스의 다양한 언행
들을 통해 유추할 수 있을 뿐이다.

소크라테스의 철학사상적 특징과 의의는 크게 네 가지로
말할 수 있다. 첫째, 질문을 던지는 것 자체에 큰 의미를 두었다.
둘째, 스스로의 무지를 자각하고자 했다. 셋째, 그의 사상은 윤
리적인 측면이 강했다. 넷째, 정치적으로 해석될 여지가 많은 사
상이었다.

하지만 그의 사상은 네 번째 이유로 인해 그를 죽음에까지
이르게 했다. 아테네가 펠로폰네소스 전쟁에서 패배하자 귀족주
의 세력이 힘을 얻었으나 다시 민주주의 정권이 세를 회복하면
서 귀족주의의 본보기로 그를 사형시킨 것이다. 그는 현실정치에
참여하지 않았지만 이론들이 민주주의를 비난하는 것처럼 보였
고, 제자들과 친구들 상당수가 귀족주의 편에 있었기 때문이다.
결국 소크라테스는 신성모독과 청년들을 현혹한다는 죄목으로
독약을 마시고 의연하게 죽음을 맞이하게 된다. 이에 대한 묘사
는 플라톤의 대화편《파이돈》에서 상세히 다루고 있다.

평판의 중요성은 굳이 소크라테스까지 거슬러 올라가지 않
더라도 오늘날 사회에서 더없이 중요하다. 기업에서는 승진 시
성과에 대한 점수도 반영하겠지만 회사 내에서 보여주는 그 사
람의 평판에 대해서도 지극히 중요하게 여긴다. 평판이 나쁜 직

원을 팀 내 리더로 승진시켰다가 팀원들의 불평과 불만이 가득
해 직원들의 사기를 떨어뜨리고 성과가 반 토막 나는 경우가 부
지기수이기 때문이다.

최근에는 SNS의 대중화로 인해 평판의 중요성이 디지털에
까지 옮겨 붙었다고 할 수 있다. 인기인들의 경우 사회적인 위치
에 따른 평판 때문에 SNS를 이용하는 경우가 많다. 대중과 소통
하는 자연스러운 모습과 일상적인 모습을 보여줘야 할 필요성이
있기 때문이다.

이처럼 평판은 현대사회에서 떼려야 뗄 수 없는 필수조건이
되어버렸다. 한 번 추락한 평판을 다시 회복하기란 쉽지 않다. 뉴
스를 통해 접하는 많은 연예인, 정치인, 기업인들의 스캔들이 사
회에 어떠한 영향을 미치는지를 고려해본다면 이는 충분히 이해
가능하다.

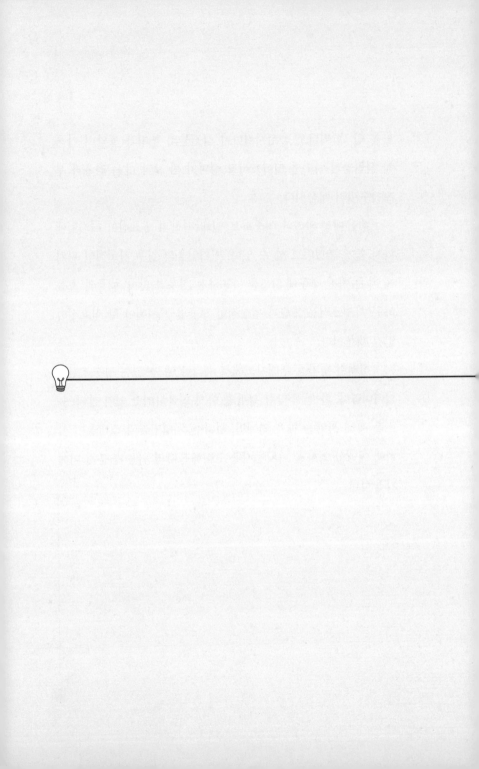

회사는 오케스트라,
나는 신입 연주자

Chapter 6

누구에게
책임이 있는 것일까

프로젝트 업무가 마무리되어가고 있는 상황이지만, 여전히 긴장을 놓을 수 없었다. 다른 부서들도 마찬가지이리라. 연말이 다가오고 있으니 결산을 하느라 바쁘겠지. 성과가 좋았던 부서에는 그에 합당한 인센티브가 주어질 것이고, 그렇지 못한 부서는 한숨만 내쉬며 내년 연봉 협상을 고민하고 있을 것이다.

그런 와중에 회사가 또다시 소용돌이에 휘말렸다. 수주를 따내기 위해 결재를 올렸고, 상급자는 결재판에 있는 숫자가 잘못되었다는 사실도 모른 채 사인을 하고 말았다. 계속 계단을 밟아 올라가듯 결재가 위로 이동하다가 최종 결재에서 걸린 것이다. 뭔가 이상하다고 느낀 대표께서 확인을 요청했고 알고 보니 제일 앞 숫자가 '3'이었어야 하는데 '4'로 적혀 있었다고 한다.

난리가 났다. 그 숫자 때문에 생각지도 못한 비용이 더 청

구될 뻔한 위험천만한 상황이었다고 하니. 결재 라인에 적혀 있던 모두가 불려갔다. 손뿐만 아니라 온몸을 바들바들 떨면서. 나야 대표님을 만난 적이 없으니 딱히 잘 모르지만 무섭기로는 업계 최고라고 들었다. 추진력도 최고, 일 처리도 최고라 절대적 제왕의 포스를 풍긴다고 했다. 오늘 불려간 사람들은 뭐라도 책임을 져야 할 거라고 선배가 소곤거리듯 귓속말을 했다.

그러고 보니 가끔 사장, CEO, 회장, 대표와 같은 직함의 차이가 뭘까 하는 생각을 해보았다. 무슨 차이가 있고 어떤 권한을 갖는지 궁금해서 선배에게 겸사겸사 물어보았는데 선배의 답변이 현답이었다. "글쎄, 나도 잘 몰라요. 그런데 확실한 건 우리 회사에서 제일 높은 곳에 있는 분? 그리고 우리는 그 분과 마주칠 일이 없다? 하하하."

틀린 말은 아니었다. 아주 명답은 아니었지만 충분히 현답은 될 만하다는 생각을 하며 다시금 자리에 앉았다. 오늘 사건 때문에 누가 어떠한 책임을 져야 하는 것일까? 물론 수주를 아예 따내지 못한 건 아니라 큰 문제는 없겠지만 안일한 결재 시스템에 변화는 있을 거라는 생각이 들었다. 선배가 이 변화에 대해 넌지시 이야기해준 부분도 있었다.

이때는 숫자를 잘못 쓴 당사자의 책임일까, 첫 결재자가 잘못한 것일까, 아니면 마지막 직전에 결재했던 임원분의 잘못일까? 나라면 어떻게 책임 분배를 할까. 그리고 실제로는 어떠한 상황이 벌어질까.

잠시 잠깐 여유가 있어서 인터넷으로 '책임'이라는 단어를 검색해보았다. 책임에도 도덕적 책임, 법률적 책임, 업무상 부여되는 임무 이렇게 크게 3가지가 있었다. 마지막에 설명되어 있는 책임의 의미가 맞는 것 같은데 그렇다고 해서 회사가 어떻게 정확히 판별할 수 있는지는 나와 있지 않아서 여전히 궁금하기만 했다.

그 사이에 대표님 방에서 모두들 나왔다. 다들 고개를 푹 숙인 채 각자의 자리로 이동하고 있었다. 담당자는 연신 고개를 숙이며 "죄송합니다. 죄송합니다"만 외치며 눈물을 글썽이고 있었다. 무슨 이야기가 오고갔던 것일까? 설마 이 정도로 사직서 이야기가 나오지는 않았을 테고, '감봉' 정도의 이야기는 나왔을 수도 있겠지만 사실 결재가 끝나 뭔가 실행되기 이전이니 감봉만으로도 가혹할 수 있었다.

뭘까, 뭘까, 뭘까. 이전에는 회사 내에 무슨 일이 생겨도 완전 병아리 신입이라 관심을 가질 여유조차 없었는데 이제는 앞뿐만 아니라 옆이나 뒤도 돌아볼 여유가 생겼는지 회사를 바라보고 평가하는 나만의 오지랖이 슬슬 가동하는 듯하다. 그러고는 며칠이 지났다. 사내게시판에 공고문이 올라왔다.

감봉과 같은 심각한 언급은 눈에 띄지 않았지만 다시금 눈을 동그랗게 뜨고 살펴보니 결재 시스템에 변화가 있을 것이라는 내용이 있었다. 어떻게 바뀌는 것일까, 궁금했는데 선배가 이번에도 귓속말로 소곤거렸다.

"이제 결재와 관련된 자료들을 전부 첨부해야 할 거예요. 그러지 않으면 결재가 나지 않을 거고요. 뭐, 그냥 제 생각이에요." 정말 그럴까. 지난번에도 결재 시스템의 변화 정도로 공고가 날 거라고 알파고급 예측을 했었는데 혹시 이번에도?

다시금 며칠이 지났다. 사내게시판에 공고가 올라왔다. 결재 시스템 변화에 관한 내용이었다. 그런데 오마이갓. 세상에나 네상에나. 공고에는 이렇게 적혀 있었다.

'앞으로 결재는 등급별로 구분될 것입니다. 더불어 그에 맞춰 관련 자료들을 첨부하여 상급자가 검토한 이후 결재가 이루어질 예정입니다. 자세한 사항은 시스템이 확정된 후 안내해드리겠습니다.' 어안이 벙벙한 표정으로 선배를 바라봤다. 선배의 표정은 생각 이상으로 차분해 보였다. 다만 그 얼굴에서 이러한 메시지를 읽을 수 있었다.

'내 말이 맞죠? 나 돗자리 깔아야 할까 봐.' 진짜 그래도 될 만큼 회사가 돌아가는 상황이나 과정을 정확하게 예측하고 판별하고 있었다. 도대체 이 사람 뭐야, 누군 거야. 대표 아들인 거야 뭐야?

지위가 높으면 책임도 크다.

- 세네카(Lucius Annaeus Seneca)

후기 스토아 철학을 대표하는 로마 제정시대 정치가인 세네카는 네로 황제의 스승으로 알려져 있지만 동시에 그를 암살하려는 음모가 발각되어 자살을 명령받은 일로도 유명하다. 더불어 소크라테스를 존경하던 철학자였으며 당대 최고의 웅변가였을 뿐만 아니라 비극 작가이자 시인이기도 했다. 그의 형은 신약성서 중 '사도행전'에 등장하는 갈리오 총독이며, 동생 멜라는 로마의 대표 시인 중 한 사람인 루카누스의 아버지였다. 세 형제와 조카까지 네로 황제에게 죽음을 피해갈 수 없었다는 안타까운 가족사는 오래도록 회자되곤 했다.

서기 54년 네로가 황제로 등극한 이후 세네카는 그의 통치를 돕게 된다. 네로는 초기 5년간 선정을 베풀었으며 세네카의 도움으로 원로원 앞에서 멋진 연설을 해내기도 했다. 그러나 이후 폭군을 선도하려는 이상과 폭군에게 복종할 수밖에 없는 자신의 현실 사이에서 갈등하다가 은퇴하지만 결국 음모가 발각된

서기 65년 세상을 떠나게 된다.

　이 당시에 그는 자신의 책임에 대해 많이 고민하고 괴로웠을 것이다. 그가 남긴 명언 한 줄만 보더라도 충분히 이해 가능하다. 세네카는 스토아 철학에서 도덕적인 부분을 더욱 부각시켰다. 도덕적 현자에게 다른 사람들을 지식과 행복의 길로 인도하는 역할을 부여했다는 점에서 그의 책임이 어디에까지 이르는지를 쉽게 판별해볼 수 있겠다.

스물일곱 번째 말

톱니바퀴 이빨 하나
우습게 봤다가는

근무 월수를 대충 따져보니 어느새 1년, 즉 12개월이라는 숫자에 다다르고 있었다. 겨울에 홀쩍 접어들었으니 그 정도 기간이 지났으리라는 생각이 이제야 새삼 들었다. 이렇게 시간이 빠르게 흘러가버릴 줄이야. 직장인이 되면 시간 가는 줄 모른다고 하더니, 정말 월화수목금금금이라는 느낌이 든다고 하더니 늘 일만 하고 있는 나를 돌아보게 된다.

하지만 충분히 만족할 만한 상황들이 많이 있어서 출근길이 그렇게 지옥길처럼 느껴지진 않는다. 첫 출근에 비해서 갈수록 출근길 발걸음도 가벼워지고 있다. 칼출근을 겨우 하던 나였는데 이제는 조금 여유를 부리기도 한다. 근처 커피전문점에서 뜨거운 아메리카노를 한 잔 사서 프로페셔널한 직장인 포스 좀 풍겨본다.

요즘엔 종이컵보다는 텀블러가 대세인 만큼 늘 습관처럼 들고 다닌다. 남들은 귀찮게 뭘 그런 걸 챙겨 다니냐고 그러지만 나름 환경 문제에 관심이 있어서인지 텀블러에 커피를 담고 다 마시면 물로 가볍게 헹구고 하는 나만의 에코 마일리지를 마음속에 차근차근 쌓아간다. '길티 플레저guilty pleasure'가 아니라 '이노선스 새티스팩션innocence satisfaction' 정도 되려나.

출근 후 역시나 정신없는 하루가 시작되었다. 누가 뭐라 할 것 없이 열심히 자신만의 길 위에서 걷기도 하고, 뛰기도 하고, 드러눕기도 하며 발자취를 남긴다. 그런 발자취가 쌓여 나의 경력으로 남는 것이겠지.

점심시간이 채 되기도 전에 스마트폰으로 카톡이 하나 도착했다. '저녁에 시간 되니? 저녁 먹으면서 술이나 한잔할까?' 오랜만에 대학 동창에게서 연락이 왔다. 사실 그동안 약간의 자격지심과 함께 업무에 적응하느라 주위를 둘러보지 못한 것이 사실이다. 이제는 조금이나마 나에게 여유를 선물하고 있으니 그 정도 시간쯤은 낼 수 있을 것 같았다. 며칠째 야근했으니 다들 이해해주시리라.

'그래, 저녁에 보자. 몇 시쯤 좋으려나. 혹시 모르니 8시쯤 볼까? ○○○ 식당 어때? 너무 오랜만이라 할 말도 많겠다.' 약속 시간을 잡았다. 이렇게 나를 위한 시간을 얼마 만에 마음 편히 내보는 건지 모르겠다. 회사 얘기는 안 해야지. 그런데 회사 얘기 아니면 뭐 다른 이야기를 할 만한 것이 있을까. 간만에 친구를 만나려니 약간 설레는 마음이 들었다.

퇴근 시간이었다. 너무 칼퇴근은 조금 마음에 걸려서 6시 30분쯤 과장님께 "퇴근하겠습니다"라는 인사를 건넸다. 그런데 과장님이 무표정하게 뒤로 돌아보시더니 "오전에 이야기했던 자료는 다 마무리된 거죠? 정현 씨가 주셔야 제 자료랑 취합해서 내일 아침 임원회의에서 발표할 수 있는데요."

이게 갑자기 무슨 날벼락이란 말인가. 오전에 과장님이 그냥 지나치는 말로 이야기하시기에 그리 중요한 자료라 생각하지 않았는데 내일 아침 회의에 들고 들어가서야 하는 자료라니. "과장님, 그게, 다른 업무부터 하느라… 그 자료는… 내일 해야지… 라고 생각하고 있었습니다." "제가 오전에 분명히 이야기한 거 같은데 아직 확인조차 하지 않은 건가요? 그거 시간 많이 걸릴 건데. 내일 아침에 회의입니다. 오늘 꼭 넘겨주고 퇴근하세요. 칼퇴근도 좋지만 자신이 해야 할 일을 정확하게 해놓고 퇴근해야 하지 않을까요?" "네, 알겠습니다."

뒤통수를 세게 맞은 기분이었다. 아, 어째야 하나. 친구와의 약속을 미룰 수밖에. 카톡을 남겼다. '미안, 과장님이 오전에 이야기했던 자료 정리가 있는데 내가 신경을 안 쓰고 있다가 이제라도 해야 하는 상황이야. 다음에 보면 안 될까? 회사 일이라 어쩔 수가 없네.' '아, 그래. 할 수 없지. 그럼 마칠 때 연락 주라. 혹시 모르니.'

부랴부랴 일을 시작해야 했다. 컴퓨터를 켜고 파일을 열었다. 생각보다 할 게 많았다. 그래도 약 두 시간이면 끝날 듯. 정말 두 시간 만에 마무리를 했다. 과장님께 이야기했다. "과장님 죄송합니다. 업무 지시하신 건데 제가 신경을 쓰지 못했습니다. 다음부터는 이런 일 없도록 하겠습니다." "괜찮아요. 자료 기다리는 동안 다른 일들 마무리하고 있었는데 정현 씨 마치는 시간쯤 나도 끝났으니 조금만 정리하면 될 거 같아요. 어서 퇴근하세요. 고생 많았어요. 다음부터는 지시 사항 신경 써주셔야 해요." "네, 알겠습니다. 명심하겠습니다."

과장님은 다행히 크게 뭐라 하지 않으셨다. 화 한번 내지 않는 분인데, 그렇기 때문에 더욱 조심하자고 마음먹었는데 이렇게 실수를 할 줄이야. 나로부터 시작되는 일이 마무리가 되어야 그 다음 일이 순조롭게 이어질 텐데 내가 너무 안일했나 보다. 과장님 안 계실 때 모르고 퇴근이라도 했으면 어쨌을까 싶었다.

시계 속에서 칼같이 맞아떨어지며 움직이는 톱니바퀴처럼 직장생활도 그렇게 잘 맞아떨어져야 성과물이 생기기 마련

이다. 까딱 한 명이라도 낙오하거나 오차가 생기면 시계는 멈출
수밖에 없고 고장 날 수밖에 없다. 어떻게 보면 우리 직장인들
은 시계 속 부속품 같기도 하지만 저만의 특별한 역할이 있기에
충분히 자부심을 가져도 될 만하다.

　회사 정문을 나섰더니 벌써 바깥은 깜깜해진 지 오래다. 건
물 밖에 높게 솟아 있던 나무에도 이파리가 거의 다 떨어졌다.
몇 개의 이파리가 붙어 있었는데 얼마 전 그 이파리가 다 떨어
지면 우리의 프로젝트도 끝나리라 하는 생각을 했었다. 이파리
가 아직 떨어지지 않아 끝나지 않는가 보다. 과장님이나 나 대
리님, 아니면 최 대리님, 선배가 내 마음을 읽어내고서 테이프
나 풀로 붙여놓은 것은 아니겠지? 너무 소설 같은 발상이리라.

　친구에게 전화를 걸었다. 많이 미안했다. 전화기 저 너머로
목소리가 들려왔다. "미안, 이제 마쳤어. 혹시 괜찮으면 너희 동
네로 갈까? 저녁은 먹었니? 어디야?" "어, 그게. 너희 회사 근처
야. ×× 커피숍에 있었어. 회사 앞으로 갈게."

　무슨 일일까. 늘 밝았던 녀석인데 목소리가 어두운 이유가
뭘까. 불안하기만 했다. 쌀쌀한 날씨였기에 회사 안으로 다시
들어갔다. 근처에 도착하면 전화를 하겠지 싶었다. 기다리는 사
이에 나무를 다시금 바라보았다. 방금까지 여러 개의 이파리가
붙어 있었는데 그 사이에 개수를 세어보니 하나가 없었다. 프로

젝트의 마감이 다가오는구나 하는 생각이 들었다.

친구가 도착했나 보다. 전화벨이 울렸다. 바로 앞이라고 한다. 바깥으로 나갔다. 겉옷 저 깊은 곳까지 서늘한 바람이 훅 들어왔다. 옷깃을 여미며 친구를 반갑게 맞았다. 하지만 친구의 얼굴은 밝지 못했다. 무슨 일일까. 큰일이 난 걸까.

우리는 걸었다. 걷는 동안 녀석은 아무 말도 하지 않았다. "밥은 먹었냐? 먹으러 갈까?" "그래, 그러자." 또다시 걸었다. 신발 사이로도 한기가 느껴졌다. 아무 말 없이 걷다 보니 공기가 더욱 차갑게 느껴졌다. 결국 녀석이 입을 열었다. "나 사표 냈어." "…." "회사 일을 망쳐버렸어. 나 때문에 회사에 손해가 큰 거 같아. 나만 믿고 투자했던 사람들도 다 망했어. 그렇게 망해버렸어. 그 사람들도 나도."

그렇게 말하고는 더는 아무 말이 없었다. 그냥 다시 걸었다. 밤하늘에 둥둥 떠 있는 달이 보름달이었으면 하고 바랐다. 그래서 올려다보았다. 하지만 초승달이었다. 곧 사라질 것만 같은 초승달이었다. 우리네 마음처럼 사라져버릴 것만 같았다. 직장인은 왜 살아야 하는 것일까? 어떻게 살아야 하는 것일까? 무엇을 위해 살아야 하는 것일까?

해답을 찾고 싶은데, 꼭 찾아야 할 것만 같은데 모르겠다. 어떻게 해야 하는 것일까? 정답은 있는 것일까? 나도 직장인은 처음이라 뭐라 답을 할 수 없을 거 같은데. 친구는 왜 내가 떠올 랐을까? 내가 도움이 될 수나 있을까? 저녁을 먹으려고 발걸음 을 옮겼었는데 걷다 보니 나도 모르게 술집으로 가고 있었다. 뭔가에 홀린 듯 그렇게 술집 입구를 향해 걷고 있었다. 저기서 는 정답을 찾을 수 있을 것만 같은 기대감이 나에게, 아니면 친 구에게 있었던 것일까? 그렇게 그 안으로 들어갔다.

오늘의 책임을 피함으로써 내일의 책임을 피할 수는 없다.

- 에이브러햄 링컨(Abraham Lincoln)

어린 시절 링컨은 뉴올리언스의 노예시장을 방문한 적이 있었다. 그때만 하더라도 미국에서는 흑인을 싼 값에 사다가 노예로 사고팔던 일이 비일비재했다. 흑인 노예는 그냥 물건이나 다름없었던 것이다.

링컨은 어느 흑인 가족이 팔려가는 것을 목격했다. 그런데 가족이 생이별을 하듯 따로따로 팔려갔다. 누가 봐도 비참한 광경이었다. 이 모습을 본 링컨은 다짐하게 된다. '만일 내가 저 사람 중 한 명이었다면 어떤 심정이었을까. 단지 흑인이라는 이유로 저들을 저렇게 대하는 게 말이 되는가. 저들도 분명 사람인데 말이다. 나와 같이 자유롭게 살아야 하는 것이 마땅하지 않을까. 훗날 반드시 이러한 상황을 바로잡아야겠다.'

1863년 1월 1일 오후 2시 백악관 집무실에는 엄청난 일이 기다리고 있었다. 그리고 이 일을 수행해야 하는 당사자는 긴장감으로 손끝이 파르르 떨릴 정도였다. "내 평생 이 선언서에 서명하는 것보다 더 옳은 일을 한 적은 없습니다. 바로 이 일로 내 이름과 영혼이 역사에 길이 새겨질 것인데, 서명할 때 손이 떨리면 앞으로 이 서류를 본 사람들이 내가 주저했다고 생각할지도 모르겠지요."

미국 남북전쟁이 한창이던 그날 노예해방선언을 공표한 사람은 바로 제16대 미국 대통령 에이브러햄 링컨이었다. 이후 1864년 링컨은 대선에서 재선에 성공하여 연임 중이었고 1865년 4월 9일 남군 사령관 로버트 리 장군은 항복을 선언하며 남북전쟁은 역사 속으로 물러났다.

스물두 살에 집을 나선 링컨은 뱃사공, 가게 점원, 장사꾼, 우체국장, 측량기사 등 닥치는 대로 일을 하면서도 독서와 공부를 멈추지 않았다. 법조인이 되기로 결심하고서도 엄청난 지식욕과 독서욕을 바탕으로 독학을 할 수밖에 없었다. 그는 자신이 어떠한 일을 어떻게 해야 할지를 잘 알고 있었다. 그렇기에 노예해방이라는 이슈가 어떠한 논쟁을 불러일으킬지 알면서도 책임감 있게 수행해나간 것이 아니었을까? 대통령에 취임한 지 한 달 후 남북전쟁이 발발하고, 그 문제로 인해 1865년 4월 14일 워싱턴에 있는 포드 극장에서 암살을 당했지만 말이다.

스물여덟 번째 말

어제는 동료,
오늘부터 상사

연말이 다가오고 회사도 한 해를 마무리할 즈음이다 보니 내년 승진자 이야기가 슬슬 피어오르고 있다. 아직 발표 일정이 많이 남았는데도 연말이라 어수선한 분위기를 타고 이런저런 이야기가 속닥속닥 들려오는 것이다. 나야 아직 1년도 채우지 못한 병아리 사원이라 관심조차 가질 필요도 없지만 우리 팀에서는 누가 이러한 변화에 해당될지 생각해본다.

　과장님? 나 대리님? 최 대리님? 선배? 자기계발 관련 책들을 학교 다닐 때나 취업 준비할 때 읽긴 했지만 그냥 핵심 사항들만 훑어 읽는 식으로 해서 깊이 있게 생각해보지 않았다. 하지만 요즘에는 시간이 있어서 서점에 들르면 자기계발 책들을 관심 있게 읽어보곤 한다. 이미 나보다 앞서 나와 같은 고민을 많이 했을 분들이 직장생활 잘하는 법들을 알차게 설파하고 있기 때문이다.

　혹시나 하는 마음에, 나한테 꼭 필요하지 않을까 하는 조바심에, 어떻게 해야 잘하는 건지 알고 싶은 궁금증에 몇 권 구입해서 읽어본다. 요즘 자기계발서는 크게 두 가지 부류도 나뉘는 듯하다. 여전한 명불허전인 성공 법칙이 먼저 눈에 띈다. 새벽 6시, 5시 반, 5시에 이어 새벽 4시에 일어나서 뭔가를 해야 한다고 직장인들을 닦달한다. 1분 1초도 허투루 쓰지 않아야 하고, 점심시간에도 뭔가를 해야 하고, 퇴근길에도 뭔가를 해야 하고, 집에 돌아와서도 뭔가를 해야 한다며 로봇을 교육시키는 것 같은 스케줄로 빡빡하다. 숨이 멎을 것만 같은 두려움도 밀려온다.

　그리고 이어서 만날 수 있는 다른 부류의 자기계발서는 어떻게 보면 약간 반포기 상태를 말하는 책들이다. 나는 흙수저로 태어났으니 금수저가 될 수 없음을 현실적으로 빨리 깨닫고 그에 맞춰 살아가라는 이야기다. 새벽 4시에 일어나서 세상을 이끄는 리더가 되는 사람은 따로 있다는 것이다. 생각해보면 그게 맞는 것 같다. 내가 그렇게 대단한 리더가 될 수 있을까? 나에게 엄청난 추진력과 카리스마, 그리고 하늘이 내려주는 행운이 따를 수 있을까?

　그냥 딱 나의 위치에 만족하며 '짧고 굵게'가 아니라, '길고 가늘게' 삶을 살아가는 것이 어찌 보면 편하고 쉬울 것이다. 회사에서도 마찬가지다. 대단한 프로젝트를 기획하고 통과되어 열심히 했는데 성공하면 다행이지만, 실패하면 그날로 바로 나락이다. 조용히 다니고 싶었는데 회사를 떠나야 하는 상황에 맞닥뜨릴지도 모른다. 과유불급이라는 표현이 가장 어울리는 상황이라고나 할까.

왠지 성공하는 사람은 따로 있는 것만 같다. 회사도 보면 제일 윗자리에 앉아 계시는 CEO는 한 명이 아니던가. 아무리 노력을 하고 CEO가 되려고 발버둥을 쳐도 내가 과연 그 위치에 올라갈 수 있을까? 당장 다음번 승진도 장담 못하는 직장인의 현실 속에서 말이다. 굳이 팩트체크까지 하지 않더라도 너무나 뻔하게 보인다.

그렇게 자기계발서를 읽다가 승진에 대해 심층 분석해놓은 파트를 읽게 되었다. 저자 자신의 경험담을 쓴 것인데, 입사 동기들은 전부 한 단계 상승했는데 자신은 계속 승진에서 밀려 뒤처지고 있었기에 사표를 내야 하나 심한 압박감에 사로잡혀 있었다고 한다. 회사 내에서도 동기들을 뭐라고 불러야 할지 더없이 난감했기에 우울감이 더욱 커졌다고 한다. 누군가에게 하소연할 수도 없고, 그렇다고 그 상황을 피할 수도 없으니 눈앞에 뛰어넘을 수 없는 커다란 벽과 마주하고 있는 느낌. 그 느낌 속에서 하루하루를 힘겹게 보내야만 했다.

그러던 어느 날 자신에게 찾아온 마법 같은 기회. 부서 이동이 있었던 것이다. 그 이전에만 해도 완벽한 기계의 어느 부속품인 듯 자신의 임무를 성실히 꾸준히 잘 해나가기만 했는데, 새롭게 이동한 부서의 업무가 자신의 적성에 너무나도 잘 맞았다는 사실. 트렌디하게 이야기하자면 완벽하게 핏이 맞아떨어지는 슈트를 한 벌 입고서도 100미터 달리기를 할 수 있는 느낌이라고나 할까.

딱히 뭔가를 잘 해내려고 마음먹은 것도 아닌데, 어떻게 하다 보니 비용절감도 엄청 해냈고, 업무 추진력까지 생겨 정기 승진이 아니라 특별 추천 승진이 계속 이어졌다고 한다. 그러고 보면 인생은 아무도 알 수 없다. 내게 어떠한 기회가 주어질지 아무도 알 수 없는 것이다. 얼마 전까지만 해도 입사 동기들에게 뒤처지는 것 같아 피해 다니고 호칭 문제로 열등감에 사로잡혀 있었는데 이제는 동기들이 모두 자신을 직장 상사로 깍듯하게 대해주는 모습에서 격세지감도 느낀다고 했다.

지금 당장 내가 남들보다 뒤처지는 것 같아도 내게도 분명히 기회가 온다. 묵묵하게 자신의 위치를 잘 다져나가다 보면 역전만루홈런 같은 기회가 오는 것이다. 꼭 그렇게 어마어마한 홈런 같은 인생이 준비되어 있지 않다고 해도 가벼운 안타만 몇번 쳐도 그걸로 충분하다. 아무도 인정해주지 않는다 해도 내 인생이라는 드라마 속 주인공은 바로 나 자신이기 때문이다.

드라마 속 주인공은 어떠한 모습으로든 반드시 해내고야 만다. 그것이 세상 모두가 이야기하는 성공이든, 아니면 나만 인정하는 성공이든 말이다. 타인이 모두 기립박수를 쳐주는 인생의 한가운데 있지 않으면 어떤가. 그렇게 기립박수를 받고서 우쭐하고 자만하는 마음으로 결국 몰락하는 사람들이 수두룩하다.

오히려 꾸준하게 자신의 입지를 다져나가고 티 나지 않게 행동하지만 결국 마지막에 제대로 잘 해내는 사람들을 역사는 기억한다. 어제의 입사 동기가 오늘 바로 직급이 오른 것에 대해 슬퍼하지 말지어다. 세상 모든 직장인에게는 다음이라는 기회가 있기 때문이다. 어떻게 준비되고 포장되어 있는지는 아무도 모른다.

다시금 우리 팀을 떠올려본다. 내가 보기에는 아무래도 나 대리님이 1번일 듯싶다. 우리 팀에 특별히 파견되어 이것저것 많은 일을 해냈으니 분명 회사에서도 준비하는 것이 있겠지. 하지만 과장님은 쉽지 않을 듯하다. 올해 초에 엄청난 사건이 있지 않았던가. 물론 잘못을 바로잡으려 한 일이지만 회사는 분명 조심스러워할 것이다. 비난할 수도 없이 그것이 바로 인생이자 직장생활이 아니던가 싶다. 그래도 직원들 모두가 뜨거운 박수를 보냈던 상황은 잊을 수가 없다.

최 대리님도 아직은 아닌 것 같다. 정기 승진자 명단에도 들지 않는다고 알고 있는데 뭔가 엄청난 성과를 낸 것도 아니니까 말이다. 그렇다고 해서 선배도 아닐 테고 말이다. 회사생활이 하루이틀, 한 달 두 달 이어지다 보니 정말 '오지라퍼'가 되어가는 것만 같다. 확정된 것도 없고, 발표 난 것도 없는데 왜 나 혼자 이렇게 시나리오를 쓰고 앉아 있는 건지.

그렇게 그렇게 나는 우리 회사의 직원이 되어가고 있었다. 타인의 미래는 이렇게 저렇게 평가해보지만 정작 나의 미래는 어떻게 될지 생각조차 못하면서 말이다.

인생은 가까이서 보면 비극이지만 멀리서 보면 희극이다.

– 찰리 채플린(Charles Spencer Chaplin)

어머니와 곧바로 이혼한 술주정뱅이 아버지, 정신병원을 드나들었던 어머니, 지독하게 가난해 끼니를 걱정해야 했고 거리에서 잠들기도 했던 소년, 영국 런던에서 연기력을 인정받은 배우 등 찰리 채플린을 둘러싼 삶과 경험은 눈물을 머금은 웃음이라고 하는 독특한 설정과 함께 이에 최적화된 연기자를 탄생시킨다.

헐렁한 바지에 커다란 구두, 지팡이에 작은 중절모, 몸에 꽉끼는 상의에 콧수염까지 찰리 채플린 하면 떠오르는 이미지다. 그의 연기는 애수를 띠면서 동시에 웃음을 유발하는 아이러니함을 담고 있다. 〈파리의 여인〉(1923), 〈시티 라이트〉(1931), 〈모던 타임즈〉(1936), 〈위대한 독재자〉(1940) 등 채플린의 대표작은 수십 년이 지나서도 여전히 명작으로 칭송받고 있다.

매카시 열풍이 할리우드를 휩쓸었을 때 공산주의자로 몰리기도 했고, 미국에서 강제 추방되기도 했던 그였지만 영화를 향한 뜨거운 사랑과 이상만큼은 그 누구도 따라가지 못했다. "나는 연기를 배워서 잘할 수 있다는 말을 믿지 않는다. 나는 오히려 똑똑한 사람이 연기를 못하고 아둔한 사람이 연기를 잘하는 것을 많이 봤다. 연기는 본질적으로 머리로 하는 것이 아니라 가슴으로 하는 것이다."

　우리네 인생도 마찬가지 아닐까. 삶에 시련이 닥치고, 절망이 몰려오고, 아픔이 넘쳐나도 머리로만 해결하려 애쓸 것이 아니라 진정 내가 무엇을 어떻게 해야 할지를 가슴으로 받아들이고 이겨내야 할 때도 있지 않을까.

스물아홉 번째 말

철야에 지친 나를 누가 위로해줄까? 사장님?

얼마 전 업무를 다 마치지 못한 상태로 퇴근을 하려고 했던 상황 때문에 퇴근할 때 눈치가 보이기 시작했다. 트라우마까지는 아니지만 그래도 다소 조심스러워진 것이다. 그날의 업무가 다 끝났으면 당당하게 자리를 박차고 나가면 되련만 아무래도 뭔가 더 해야 할 것이 있었는데 못한 것이 아닌가 싶어 두 번 세 번 다시 체크하게 되었다.

지난번에 그런 일이 있었다고 해서 과장님이 딱히 나에게 핀잔을 주거나 눈치를 주는 것도 아닌데 마음이 불편해진 것은 사실이다. 어서 다시금 일상의 나로 돌아와야 업무에도 지장이 없을 텐데 말이다. 천만다행인 것은 그날의 상황을 다른 분들은 모른다는 것이었다. 알면서도 모르는 척하는 것일 수도 있겠지만 무사히 잘 넘어간 것 같아 그 점은 다행이었다.

　TF 팀이 구성되어 부랴부랴 일들이 마무리되어가는 중이긴 했지만 갑자기 업무 프로세스가 꼬여 철야를 해야 하는 날이 있었다. 처음이었다. '야근은 필수요, 철야는 선택'이었다는 구호 아닌 구호가 이제는 직장인들의 역사 뒤쪽으로 사라진 줄 알았는데 아직까지 남아 있단 말인가. 여하튼 모두가 퇴근을 했는데도 어쩔 수 없이 계속 남아서 일을 해야 했다. 늘 마지막에 퇴근하시는 과장님이나 나 대리님도 자리를 뜬 지 오래였다.

　건너 팀에도 여전히 몇몇 사원들이 남아서 일을 하고 있는지 키보드를 두드리는 소리가 꽤나 리드미컬하게 크게 들렸다. 다들 자신만의 사운드를 경쟁하듯 '두두두두' 하는 소리를 경쾌하게 내고 있었다. 한편으로는 '나 아직까지 일하고 있느라 너무 힘들어요'처럼 들리기도 했고, 다른 한편으로는 '나 아직까지 일하고 있으니 대단하죠'같이 느껴지기도 했다.

　모두가 퇴근한 팀의 자리 위 형광등은 꺼져 있어서 그런지 약간은 공포영화에 나오는 듯한 분위기의 사무실. 그 속에서 나는 열심히 나만의 업무를 이어나가고 있었다. 주위가 어두워서인지 컴퓨터 모니터를 바라보는 눈도 꽤나 따끔거렸다. 아니다. 너무 오랫동안 모니터를 바라보고 있어서 그런 것 같다. 어깨도 꽤나 아파오기 시작했다. 욱신거리기도 해서 기지개를 켰다가 몸도 이리저리 틀어보았다가 하면서 계속 키보드를 '다다다다'

두드리고 있었다.

그런데 사무실 문을 열고 들어오는 소리가 들렸다. 각자의 자리에 앉아 있던 사람들은 미어캣이 깜짝 놀라 몸을 벌떡 세우며 두리번거리는 듯한 모습으로 일어났다. 두리번, 두리번. 저기 입구에서 누군가 문을 열고 들어오는 것이 보였다. 도둑이나 강도는 아니겠지 하는 생각이 들면서 괜히 긴장되었다. 가까이 다가오는 모습을 보니 헉, 사장님이었다.

각 부서마다 돌며 남아 있는 직원들에게 뭔가를 건네는 모습이 보였다. 어슴푸레하게 보였기에 무엇인지는 몰랐지만, 안도하는 마음으로 자리에 앉았다. 털썩. 그냥 내 일에 집중했다. 여전히 할 것이 많았기 때문이다. 빨리 끝내야 하는데 하는 마음도 컸다. 제발 한 시간 안에 끝나야 하는데. 벽시계의 바늘은 벌써 10시를 가리키고 있었다.

갑자기 인기척 소리가 들렸다. 누군가 해서 올려다보았더니 사장님께서 해맑은 얼굴로 나를 내려다보고 계셨다. "늦게까지 고생이 많네요. 오랜만에 나도 늦게까지 일을 하다가 내려와 봤는데 이렇게까지 일을 하고 계신 분들을 보니 미안하기도 하고 고맙기도 하고 그러네요. 예전 같았으면 사장이 직접 야근하고 철야하는 직원들을 치하하느라 말도 길어지고 그랬을 텐데 오늘은 이것만 주고 가겠습니다." "네, 사장님 감사합니다. 이거 마시고 열심히 하겠습니다."

내 손에는 피로회복제와 영양제가 들려 있었다. 얼른 마시고 자리에 앉았다. 슬쩍 자리에서 일어나 멀어져가는 사장님의 뒷모습을 바라보았다. 대리님 이상의 직급이었다면 사장님 가시는 길을 함께 따라나섰을지도 모른다. 왠지 그랬을 것 같다. 그런데 난 그러지 않았다. 굳이 그래야 할 이유를 찾지도 못했다. 이게 90년대생 스타일일까. 나와 직접적으로 상관없는 누군가라는 느낌이 들었다. '만나본 적도 거의 없는 분을 위해서 왜?' 라는 발상 자체가 위험한 생각이었을까.

다행히 사장님도 쿨하게 직원들의 배웅을 바라지 않고 유유히 자리를 이동하셨고 방해가 될까 봐 얼른 자리를 피하겠다며 몇 마디 인사 정도만 하고 가서서 고맙기까지 했다. 비타민 음료와 영양제가 손에 들려 있는 걸 보고는 흐뭇하면서도 피식 미소가 지어졌다. 정말 자신의 업무를 하시다가 내려오신 걸까 아니면 일부러 오늘을 택하신 걸까.

손에 쥐어주고 가신 게 평소 사장실에 있을 것 같은 아이템은 아니었기 때문이다. 이러든 저러든 나는 다시금 내 업무에 집중할 수밖에 없었다. 11시 이전에는 얼른 자리를 박차고 나서고 싶었기 때문이다. 저녁식사도 제대로 못했는데 일 끝내고 근처 편의점에 가서 삼각김밥이나 도시락이라도 먹어야겠다. 그리고 보니 대학생활 때는 편의점 음식을 많이도 이용했던 것 같다. 누군가와 함께 억지로 밥을 먹어야 한다는 부담감 때문이다.

공부를 하느라, 스터디를 하느라 늘 지쳐 있어서 누군가와 말을 섞는 것 자체가 많이 피곤했다. 사실 우리 팀에서도 가끔 함께 점심이나 저녁식사를 하지 언제나 반드시 함께하는 분위기는 아니다. 그래도 같은 팀이기에 얼굴은 보고 이야기를 나누어야 하니 일주일에 2회 정도? 나머지는 업무 중에 점심시간을 이용해 각자 식사를 한다.

그럴 때면 나 혼자 편의점을 이용하기보다는 1인 전문 식당을 찾곤 했다. 칸막이가 쳐져 있어서 부담도 없었다. 옆 사람과 마주칠 일이 없으니 나만의 프라이버시가 확실히 지켜져서 그 시간만큼은 마음도 편하고 몸도 여유로워졌다. 오롯이 나를 위한 시간으로 이용할 수 있는 그 순간이 매우 소중했다. 가끔은 수면 카페를 이용하기도 했다. 너무 피곤한 순간, 간단한 음식이나 차 한 잔, 커피 한 잔 정도를 즐기고 나서 바로 낮잠에 빠져든다. 낮잠에 빠져 있어도 요청해둔 시간에 정확히 깨워주니 늦게 들어갈까 봐 초조해할 필요도 없었다.

직장생활을 하면서 매일이 루틴하게 돌아가고 있지만 그 안에서도 소소한 즐거움을 찾고자 부단히 애를 쓰고 있다. 힘든 일 속에서 나름의 즐거움을 찾지 못한다면 금방 번아웃 되거나 스트레스로 지칠 것만 같았기 때문이다. 그렇게는 직장생활이 불가능하다는 자기계발 책들도 더러 읽었던 터라 나만의 방법을 찾고자 늘 신경을 썼다.

11시가 되기 전에 일이 끝났다. 안도의 한숨을 두 번 내쉬었다. 회사 정문을 나서면서 무엇을 먹을지 고민했다. 일은 많고 운동은 하지 못하고 뱃살만 늘고 있다는 압박감에 그냥 굶을까 생각하다 뭔가를 먹지 못하면 잠이 오지 않을 거 같아서 근처 편의점에 들어섰다. 그래도 삼각김밥이나 도시락이 아닌, 생과일주스와 샐러드를 집어 들었다.

편의점 테이블에 앉아 그렇게 아주 늦은 저녁을 먹었다. 나름 건강 음식, 다이어트 식품을 먹었다는 만족감을 뒤로하고 편의점을 나섰다. 하늘에는 커다란 보름달 대신 반달이 떠 있었다. 색깔이 제법 진하고 꽤나 가깝게 느껴졌다.

저 달이 바뀌어가듯이 나의 삶도 서서히 변해가겠지. 그것이 언제나 좋은 방향일 순 없겠지만. 나도 이렇게 직장인이 되어가는구나. 곧 2년 차 직장인이 되겠구나. 언젠가는 내 밑에도 후배들이 들어오겠지.

업무가 늘어난다는 것은 회사 내에서 가치가 높아진다는 말이기도 하다. 그만큼 자신의 존재감이 커지고 있다는 의미다. 더불어 리더의 위치로 한 걸음 한 걸음 다가가고 있다는 뜻이기도 하다. 조금씩이나마 발전하다고 있다는 의미다.

　　초년생의 위치를 지나 2년 차에 접어들어 회사생활에 익숙해지고 조금이나마 전문적인 일들을 하기 시작하면서 진정으로 직장인이 되어가는 것이 아닐까.

어떤 면에서 미래의 리더를 키우는 일은 릴레이 경기에서 바통을 넘기는 것과 비슷하다. 릴레이 경기에서는 아무리 잘 달려도 다른 주자에게 바통을 넘기지 않으면 경기에서 지고 만다.

– 존 맥스웰(John Maxwel)

50개 언어로 번역, 2,600만 권 이상 판매, 아마존닷컴 20주년 명예의 전당에 이름을 올린 25명의 작가와 예술가 중 한 명이라고 알려져 있는 세계적인 베스트셀러 작가이자 리더십 전문가인 존 맥스웰. 그는 리더십에 관한 사람들의 생각을 완전히 바꾸어놓은 것으로 유명하며 더불어 성장에 관한 이야기를 통해 처음 리더의 여정을 시작하는 사람들뿐만 아니라 이미 리더가 된 이들에게 영감을 불어넣는 구루로도 유명하다.

'지금까지의 내가 아닌, 어제까지와는 다른 내가 될 수 있을까?'라는 의문을 해결하기 위해 그가 제시하는 방법은 더없이 실용적이다. 성장에 대한 강한 의지를 갖고 매진하고, 좋은 환경 속으로 자신을 이끌며, 조언과 응원을 아끼지 않을 멘토를 찾아야 한다고 말한다. 삶의 중간중간 자신의 모습을 되돌아보는 시간도 가져야 하며, 목표를 정한 후에는 꼼꼼한 계획과 체계를 통해 꾸준히 실천해가야 한다고 그는 주장한다. 실패와 고통을 극복하고 자신이 이룬 것들을 통해 타인의 삶도 되돌아볼 수 있는 삶을 살아야 한다고 당부를 아끼지 않는다.

30년간 500만 명의 리더들의 삶을 변화시킨 기적의 프로젝트를 통해 '~할 것이다'라는 막연한 고민이 아니라 '~할 수 있다'라는 확신과 신뢰를 심어주기에 그의 멘트에는 언제나 내 안의 두려움과 불확실성을 이기는 행복과 성장의 감동과 자신감이 듬뿍 묻어나온다. 이를 좋은 습관으로 이어지게 하는 방법론 또한 충분히 믿고 따를 만한 가치가 있다.

직장인 369신드롬은
게임이 아니다

입사 후 거의 1년이 훌쩍 지나가버렸다. 뭐 하다가 지나갔는지 알 수 없을 정도로 훌쩍 흘러가버린 것이다. 처음에는 어리바리 병아리 신세라 뭘 어떻게 해야 할지 몰라서 힘든 시간의 연속이었다. 하지만 시간이 지나면서 자연스럽게 팀 분위기에 적응하다가 새롭게 개편된 분위기에 긍정적으로 안착하다 보니 1년이 빠르게 날아가버렸다.

　나도 꽤나 성장했음을 느낀다. 이젠 내가 반드시 해야 할 일들이 생겼다는 게 더없이 뿌듯했다. 지난 1년간 많은 일이 있었다. 눈치껏 잘 해낸 일들이 있었는가 하면, 눈치 없이 제대로 해내지 못하고 자존감만 떨어진 사건들도 있었다. 나 대리님 덕분에 한껏 성장한 것 같다가도 업무 특성상 다람쥐 쳇바퀴 돌리듯 같은 일만 반복하고 있다는 생각에 약간 좌절한 적도 있었

다. 하지만 그런 상황 안에서도 나만의 방법을 찾고 길을 열어
가는 것도 나의 능력이라는 믿음을 갖고 있었기에 잘 견뎌낸 듯
하다.

　나 대리님은 타 부서 과장으로 승진해서 다시금 이동하신
다는 소문이 파다하다. 워낙에 우리 팀에서 일을 잘하서서 충분
히 인정받고 가시는 거라 물개박수를 쳐드리고 싶은 마음뿐이
다. 그 사이에 과장님은 그 자리를 계속 지키고 계실 듯하다. 그
리고 드디어 윗분이 오신다는 소식이 들려서 우리 사이에서도
안도의 한숨이 이어졌다.

　굳이 타 부서까지 눈치 보며 다니지 않아도 되겠지 싶었다.
그동안은 건너 팀에 결재 받으러 다닐 때 조선시대에 조공을 바
치러 다니는 듯한 기분마저 들어 다들 싫어한 면이 없지 않았
다. 그런데 이제는 그런 일도 사라질 터. 더불어 선배는 일을 제
대로 잘 배웠다며 줄곧 웃는 모습으로 출퇴근을 하고 있었기에
나름 팀 분위기 메이커로 인정받고 있었다.

　그런데 역시나 마음에 걸리는 건 최 대리님이었다. 나 대
리님이 오신 뒤로 369중후군에 시달리고 있었다는 사실을 나중
에 알게 되었다. 회사 특성상 분기별로 평가를 하다 보니 자신
이 계속 밀리는 듯한 분위기인지라 우울감이 말이 아니었던 것
이다. 은근슬쩍 이직을 고민한 적도 있다는 사실을 선배에게 살

짝 들었던 적이 있다. 선배가 대리님께 물어볼 게 있어서 자리
로 갔는데 취업사이트를 보고 계셨던 것이다. 선배는 모른 척하
려고 했는데 최 대리님이 엄청 불편해하고 놀라는 모습에 뭔가
있구나 했단다.

무기력해지고 회의적인 생각이 꽤나 오랫동안 마음을 덮었
으니 대리님이 369증후군에 시달린 것이 사실일 것이다. 직장인
의 90%가 이 증후군을 경험하고 있다고 하니 다른 분들도 마찬
가지겠지만 유독 심하게 힘들어하신 것만은 분명하다.

그런데 나 대리님의 인사이동 소식이 거의 기정사실화되자
최 대리님의 얼굴이 피기 시작했다. '뭐지, 무슨 일인 거지.' 출퇴
근길에 거의 좀비 같은 얼굴이었는데 이제는 상큼 발랄한 표정
으로 '좋은 아침'을 외칠 때도 있으니 신기하기만 했다.

뒤돌아보면 나 역시 그 증후군에 걸려들곤 했다. 처음에는
회사에 대한 내 눈높이를 너무 낮춘 것 같아 3개월마다가 아니
라 3일, 6일, 9일마다 계속 더 다녀야 하나 하는 고민에 빠졌다.
회사 내에서 내가 이렇게나 무의미한 존재인가 하는 절망감이
들었던 것도 사실이다. 특히나 처음 3개월이 그랬다. 그러다가
업무가 정확하게 제대로 주어졌으면 좋겠다는 바람이 생겼는데
막상 그렇게 주어지니 일이 많아서 고민이었다. 그래서 무슨 일
을 이렇게나 많이 해야 하지, 왜 이렇게 비효율적인 거야 하는

불평불만이 쌓이기도 했다. 공무원을 했으면 일도 적고 마음 편하게 출퇴근하고 널널했을 텐데 역시나 직업을 잘못 선택했나 하는 후회가 들었던 적도 많았다.

주위 친구들의 모습을 보면서 자존감이 꽤나 떨어진 것도 사실이었다. 그런데 신기하게도 그렇게 좋은 회사에 취업했다고 생각했던 친구들이 얼마 가지 않아 회사를 그만두고 이직을 하겠다거나 새롭게 다른 공부를 하겠다는 모습을 보면서 회사 자체의 문제가 아니라는 점에 도달할 수 있었다. 그랬다. 회사가 문제가 아니라 내가 무슨 일을 하느냐가 문제였던 것이다. 어느 순간 나에게 광명의 빛이 떨어지면서 일이 재미있다고 느껴지기 시작했다. 그것이야말로 가장 커다란 기쁨이 아니겠는가. 그러다 보니 굳이 '369, 369'를 외칠 필요 없이 무던히 회사에 다닐 수 있었다.

'포기하면 편해'라고 외치던 친구들은 정말 빠르게도 포기했다. 나와 입사한 동기들도 몇몇이나 금방 포기해버렸다. '피할 수 없으면 즐겨라'가 아니라 '즐길 수 없으면 피하라'며 다들 그만두기 시작했다. 하지만 세상 모든 일이 어떻게 내 뜻대로만 되겠는가 하는 생각을 두 번 세 번 곱씹으면서 견디고 참고 이겨내고자 했다. 그렇게 여기까지 도달했다. 이 회사의 직원으로서 자부심도 가지게 되었다.

마라토너들이 결승선을 통과하고서 인터뷰를 할 때 보통 자신과의 싸움에서 승리했다는 표현을 많이 쓴다. 그만큼 타인과의 경쟁보다 자신을 이겨내는 것이 더 어렵다는 의미일 것이다. 긴 시간 동안 그만두고 싶은 숱한 욕망을 이겨내고 끝까지 완주한다는 것은 결론적으로 아름답다고 박수를 받지만 과정에 대한 고통을 누가 쉽게 이해해줄 수 있을까. 자신밖에 알 수 없는 고통이자 절박함일 것이다.

그렇기에 인생은 너무나 당연하게 나와의 싸움일 수밖에 없다. 나를 둘러싼 유혹과 어려움, 포기하고 싶은 고난, 중심에서 멀어져가는 소외감 등 수많은 일들이 나에게 집중되어 있으며 나로 인해 일어나는 것이다. 다른 누군가와의 경쟁은 단지 일부분일 뿐이다.

나는 많은 경험 속에서 성장해나가고 있었다. 조금만 더 잘해보자 싶었는데 꽤나 잘하고 있는 나를 마주하면서 대견하기도 했다. 그런 나 스스로를 충분히 칭찬해주고 싶었다. 'new'가 아니라 이제 서서히 'professional'이 되어가고 있었던 것이다. 나를 위해 박수를 쳐주고 나를 위해 선물을 해주고 싶었다. 오늘은 퇴근 후 무엇을 할까. 요즘 한창 재미를 붙인 온라인 쇼핑을 실컷 해서 택배 폭탄이나 맞아볼까. 그렇게 나는 성장해가고, 달라지고, 발전해가고 있었다.

나는 자신의 적을 정복하는 사람보다,
자신의 욕망을 극복한 사람을, 용감한 사람으로 꼽는다.
가장 어려운 승리는 자신의 자아를 이기는 것이다.

- 아리스토텔레스(Aristoteles)

고대 그리스의 철학자. 지식과 지혜로 따지자면 백과사전과 같은 학자였다. 트라키아의 스타게이로스에서 출생하여 플라톤의 학교에서 수학하고, 알렉산더 대왕의 왕자 시절에 교육을 담당한 것으로 알려져 있다. B.C.335년 자신의 학교를 아테네 동부 리케이온에 세웠는데 이것이 바로 소요학파로도 알려져 있는 페리파토스학파의 기원이었다. 그는 플라톤의 비물체적인 이데아의 견해를 비판하고 독자적인 입장을 취했지만, 플라톤의 관념론에서 완전히 벗어나지 못한 채 관념론과 유물론 사이에서 동요했다고 한다.

그에 관한 재미있는 사실이 있는데, 바로 그의 아버지가 마케도니아 왕국의 필리포스 2세 국왕의 주치의여서 집안이 부유했기에 자유롭게 학문을 연구할 수 있었다는 점이다. 흔히 떠올릴 수 있는 철학자들의 이미지와는 달리 그는 '부'도 행복의 조건으로 봤으며, 이를 바탕으로 하는 호화로운 생활에도 큰 가치를 두었다고 한다.

하지만 그에게는 콤플렉스가 있었다. 대머리에 말더듬이였던 것이다. 키도 작고 겁이 많은 성격에다 우유부단하고 현실 도피적이었으며 나약하다는 사실도 알려져 있다. 하지만 그는 근면하고 성실했으며 재능이 탁월했다. 스승인 플라톤은 그가 도착하기 전까지 강의를 시작하지 않았을 정도로 그를 아꼈다. 자신의 단점마저 장점으로 승화시켰던 아리스토텔레스야말로 학문적인 성과로 평가받기 이전에 스스로를 믿고 인정했던 인품으로 충분히 박수 받아 마땅할 것이다.